Un **NON** d'amour pour bien grandir

Parentalités

Collection dirigée par Françoise Hallet, médecin scolaire et consultante dans une clinique de l'adoption belge.

Conseil scientifique : Christophe Cassagne, infirmier puériculteur, gérant de CDCLIK, agence de communication Santé et organisme de formation continue pour les professionnels de l'enfance.

Cette collection destinée aux (futurs) parents a pour objectifs :
- d'amener une réflexion sur la parentalité et la famille au 21e siècle ;
- d'apporter des informations sur les grandes orientations psychopédagogiques, accompagnées de conseils de mise en pratique ;
- d'expliquer de façon claire, et en référence aux données les plus récentes, les particularités de certains troubles fréquents chez les enfants ;
- de donner des pistes concrètes pour aider l'enfant et la famille à trouver des moyens de surmonter les difficultés entraînées par les troubles de l'enfant, pour faire comprendre à l'entourage familial et scolaire les particularités de l'enfant...

Caroline Archer. *Enfant qui a mal, enfant qui fait mal ?* Nourrissons - Petits enfants. Conseils pour les parents adoptifs et les parents d'accueil
Caroline Archer. *Enfant qui a mal, enfant qui fait mal ?* Grands enfants - Adolescents. Conseils pour les parents adoptifs et les parents d'accueil
Christine Barras. *Les groupes de parole pour les parents.* Comment développer ses compétences parentales sans le recours à un expert
Jesús Bermejo Berros. *Mon enfant et la télévision*
Sara Bigwood. *Être parent d'un enfant de 6 mois à 3 ans.* Enfants princes, parents rois
Serge Dalla Piazza, Paul-Jacques Lamotte. *Naître trop tôt.* La prématurité expliquée aux parents et futurs parents – *Bébé vous parle*
Corinne Droehnlé-Breit. *L'adolescent surdoué. Le miroir du zèbre*
Corinne Droehnlé-Breit et Catherine Allievi. *Un NON d'amour pour bien grandir.* De la naissance à l'entrée dans l'âge adulte
Diane Drory. *Au secours ! Je manque de manque !* Aimer n'est pas tout offrir
Nicole Fabre, Madeleine Natanson. *Et comment va la famille ?* Petites chroniques des familles au quotidien
Deborah D. Gray. *Attachement et adoption.* Outils pratiques pour les parents
Martina Holzwarth. *Les défis d'une adoption multiple.* Les chances et les risques au quotidien
Marie-Josée Lambert, Johanne Lemieux. *L'enfant adopté en difficulté d'apprentissage.* Guide d'accompagnement pour les parents adoptifs et les parents d'accueil
Nathalie Massager, Carine De Buck. *Être parents et se séparer.* Regards croisés d'une avocate et d'une pédopsychiatre
Madeleine Natanson. *Aujourd'hui, les grands-parents.* Sur le chemin de la transmission
Nancy Newton Verrier. *L'enfant adopté.* Comprendre la blessure primitive
Nancy Newton Verrier. *Renouer avec soi.* L'enfant adopté devenu adulte
Ellen Notbohm. *10 choses à savoir sur l'autisme.* Pour mieux comprendre son enfant
Daniel Oppenheim. *Parents : comment parler de la mort avec votre enfant ?*
Françoise Peille. *Parent, enfant : à chacun sa place*
Bénédicte Prévost, Nathalie Leplae. *Apprendre à être parent.* Un défi créatif
Niels Peter Rygaard. *L'enfant abandonné.* Guide de traitement des troubles de l'attachement
Catherine Sellenet. *Souffrances dans l'adoption.* Pistes pour accompagner les adoptés et les adoptants
Sylvie Vigo, Nathalie Franc. *Mon enfant est hyperactif.* Regards croisés d'une maman et d'une pédopsychiatre
Christel Vondermans, Anne-Sophie Hanon. *Bien manger pour bien grandir.* Une alimentation saine pour les 0 à 12 ans

Parentalités

Un **NON** d'amour pour bien grandir

Corinne Droehnlé-Breit
Catherine Allievi

De la naissance à l'entrée dans l'âge adulte

de boeck

À Claire et Hélène,
À Florine-Vanille, Carla-Marie et Théo,

Nos enfants, nos trésors, nos muses,
qui, sans le savoir, ont été les premiers à expérimenter le triple A.
Aujourd'hui, à l'orée de leur vie d'adultes,
les voilà épanouis, resplendissants, dotés de freins et d'amour.

À tous les autres enfants, croisés dans nos cabinets,
souvent orphelins de repères,
leur égarement, leur désarroi et la détresse de leurs parents
ont été le moteur de ce guide.

Pour toute information sur notre fonds et les nouveautés dans votre domaine de spécialisation, consultez notre site web : **www.deboeck.com**

Couverture : cerise.be

1re édition
Fond Jean Pâques, 4 - 1348 Louvain-la-Neuve

Imprimé en Belgique

Dépôt légal :
Bibliothèque nationale, Paris : octobre 2014
Bibliothèque royale de Belgique, Bruxelles : 2014/0074/313 ISBN 978-2-8041-8843-6

Avant-propos

Tout le monde le sait, il n'y a pas d'école pour devenir parents. Tout le monde le sait aussi, le métier de parents est le plus difficile qui soit : sans formation, sans diplôme, sans salaire, sans jours de repos ni de maladie et bien sûr sans retraite.

Tout le monde dit pourtant : il n'y a pas de plus belle aventure que celle de la parentalité ! Alors, c'est quoi devenir ou être parents ? Pas une sinécure ni un fantasme, mais une réalité qui ne devrait pas devenir un cauchemar.

Questions, doutes, difficultés

Ce guide destiné à tous les futurs ou jeunes parents devrait ne pas exister ; et pourtant, nous pensons qu'il devrait être glissé le jour de la naissance dans tous les couffins à la maternité ! En parlant de mon projet d'écriture à l'une de mes plus anciennes consultantes, âgée de 80 ans, sa réaction ne se fit guère attendre : « Vous écrivez un livre pour aider les parents à être parents, mais depuis toujours les parents ont élevé leurs enfants sans guide, sans livre, sans psychologue, simplement avec du bon sens. » Elle venait de résumer en quelques mots, le contenu de cet ouvrage. Bien sûr que Madame A. avait tout à fait raison, pourtant force est de constater qu'aujourd'hui, dans nos bureaux, moult consultations hebdomadaires tournent autour de questions éducatives ; que les parents soient des intellectuels ou non, qu'ils soient à deux pour élever leurs enfants ou isolés, qu'ils soient de même sexe ou non, une grande part d'entre eux se reconnaissent en souffrance dans leur métier de parents.

Ceux qui frappent à nos portes sont sûrement « des parents tout à fait honorables », puisqu'ils se posent des questions et admettent d'une certaine façon être en difficulté dans leur fonction éducative. Ils sont aussi « tout à fait honorables », car ils sont encore convaincus qu'ils pourraient mieux faire, que tout n'est pas perdu pour toujours, que le possible pourrait devenir probable et le probable, réalité. Ce sont ces parents-là que nous accueillons et ils sont, année après année, toujours plus nombreux à se poser des questions, à remettre en cause leurs valeurs pour s'en approprier d'autres. En nous confiant leurs craintes et difficultés, ils viennent d'une certaine façon déposer dans un lieu neutre et qu'ils espèrent trouver bienveillant, leurs doutes et leurs questions parentales, la plupart du temps, très surpris de constater qu'ils se trouvent en faillite dans un registre où ils ne pensaient pas un jour l'être : leur métier de parents.

Le métier de parents

Tant qu'ils n'avaient pas d'enfants, ils se sentaient compétents pour faire la leçon à tous leurs amis, déjà parents, et cultivaient en principe de grands idéaux, bien ficelés : « Mon enfant n'aura jamais de tétine, le mien mangera ce qu'il aura dans son assiette, je ne le laisserai pas crier devant l'allée de jouets, il ne regardera pas la télé avant d'aller en classe, etc. » Et puis, est arrivé le jour où eux aussi ont intégré la grande famille des parents et souvent, dès ce tout premier jour, leurs positions se sont assouplies, leurs théories ont volé en éclats et ils ont dû apprendre à composer non pas avec l'enfant, mais avec leur enfant, celui que la vie venait de leur confier. Et tout a changé dès cet instant-là.

Pourquoi ? Probablement parce que se référer au modèle éducatif de leurs parents devient désuet ; l'évolution de la société et des modèles familiaux a tant changé ces quarante dernières années qu'il n'est plus possible de se dire aujourd'hui : « Je me suis formé au métier de parent en étant à l'école de mes parents. » Des parents pour certains tout puissants et tyranniques, dans les années 1960, nous sommes passés aux enfants rois ou tyranniques. De l'autoritarisme, certains ont basculé dans le laxisme, laissant les suivants dans la perplexité. En effet, dans beaucoup de foyers, les rôles se sont inversés, le parent se met au service de l'enfant qui, lui, dirige et dicte sa loi.

Dans la plupart des foyers, les enfants qui viennent construire, puis agrandir une famille, ont été programmés, attendus, souhaités ; les femmes d'aujourd'hui ne sont pas que des mères qui enchaînent les maternités, mais aussi des femmes, des professionnelles, des personnes qui veulent se réaliser dans tous les domaines de l'existence. Donner la vie ne signifie plus pour elles consacrer toute leur vie à élever des enfants ; donner la vie et en devenir responsable est la plupart du temps un acte choisi, voulu, réfléchi, qui s'inscrit parmi les grands projets de leur vie, mais qui cohabite avec d'autres grandes étapes. Donner la vie n'est plus la seule raison de vivre et là où, autrefois, les enfants pouvaient constituer un capital retraite – et donc en avoir beaucoup était présage de bien vieillir –, aujourd'hui, ils seraient davantage les créanciers de leurs parents : les enfants coûtent cher, et de plus en plus, et de plus en plus longtemps.

L'enfant a donc acquis une véritable valeur, et souvent rien n'est assez cher pour le satisfaire. Lui offrir le meilleur, le « tout, tout de suite », lui épargner la douleur, l'attente, la frustration, bref le mettre sur un piédestal sont couramment des considérations retenues par les parents. C'est souvent pourquoi, lors de l'entrée à l'école, ces élèves sont de suite en souffrance, inadaptés, car le passage de la cellule familiale au groupe classe est, d'une certaine façon, sans appel. La loi que l'enfant tente d'imposer chez lui, il ne pourra pas la décliner en classe, où il n'y a guère de place pour le petit roi qu'il croyait pouvoir être.

Triple A

Cet ouvrage est dédié à ceux qui aiment le plus un enfant, c'est-à-dire à ses parents. Il peut se consulter comme un mode d'emploi, un guide, même s'il n'est bien sûr pas possible de rédiger une recette éducative, comme on pourrait élaborer une recette alimentaire. Cependant, trois ingrédients sont incontournables pour faire grandir un enfant : savoir l'aimer, lui donner des autorisations et occuper, face à lui, une place d'autorité. Le triple A évoque les trois ingrédients essentiels pour être de bons parents, des parents responsables et cohérents.

Le premier A correspond à celui du plus beau verbe du monde : **aimer**. Éduquer ne pourrait se faire sans amour ; aimer son enfant pour ce qu'il est lui, non pas pour combler ses propres failles d'adultes, aimer vrai, aimer fort, aimer encore et toujours. Le second A concerne les **autorisations**. Éduquer, c'est savoir donner, au fur et à mesure que l'enfant grandit, de nouvelles autorisations, qui lui permettront d'acquérir l'autonomie suffisante pour devenir un sujet à part entière. Et le troisième A renvoie bien sûr à l'**autorité**. Aucune éducation ne pourrait se faire sans elle et si, de nos jours, l'éducation est souvent en faillite, c'est que les parents manquent cruellement d'autorité.

Ce guide s'accompagne de façon originale d'un récit pour les enfants, pour que les parents et leurs enfants puissent accéder aux mêmes informations et, ensemble, se diriger vers les bonnes voies.

L'ouvrage est rédigé dans un ordre chronologique, de l'accueil de l'enfant jusqu'à son entrée dans la vie adulte. Il a été épuré de tout jargon hermétique ou psychologisant, de sorte qu'il puisse trouver sa place entre les mains de tous.

Chapitre 1

Quand l'enfant paraît

Se connecter à lui et l'aimer

L'arrivée d'un enfant est une intrication d'histoires plurielles : histoire des futurs parents, car avant de devenir parents, ils ont vécu auprès de leurs propres parents ; histoire d'un couple ensuite, à savoir quels désirs et projets se révèlent à travers cet enfant en route ; histoire d'une société aussi, car cet enfant est appelé à devenir un adulte et à trouver sa place dans un monde en mouvance ; et histoire enfin de l'enfant lui-même : avec quelles données génétiques et intra-utérines arrive-t-il dans la vie ?

Pour tous les parents, l'enfant qui arrive était inimaginable. En effet, avant de naître, il préexiste dans l'imaginaire familial, un enfant idéalisé, parfait, qui viendrait conforter, prolonger, voire réparer le narcissisme parental. En attendant sa naissance, il a ainsi été fantasmé et donc « préformé » dans le désir de ses parents, tout comme il a été inscrit dans la symbolique, par sa nomination. Il va devenir « fils de » ou « fille de », porter un prénom et un nom de famille, qui sont autant d'indices d'appartenance et de distinction. L'enfant est donc parlé bien avant sa naissance et *a fortiori* bien avant qu'il ne parle lui-même. Pour tous, l'enfant qui est en route ne peut être imaginé par ses géniteurs que parfait, c'est-à-dire sans failles ni imperfections. Et si, avec ce cortège de mots, il a été facile de l'idéaliser, son arrivée va obliger ses parents à gérer la tolérance entre cet enfant imaginaire et l'enfant réel, tel qu'il se présente à leurs yeux. Et l'on sait combien il est important pour l'enfant de réussir à décevoir ses parents... dès ce premier moment !

De l'enfant rêvé à l'enfant réel

Chaque parent devra alors faire ce chemin qui le conduira vers l'enfant réel, renonçant ainsi à l'enfant fantasmé. Ce « travail d'adoption », qui démarre à la naissance, mobilise parfois des semaines, des mois, des années, notamment quand l'enfant est porteur d'un handicap. L'enfant réel est toujours différent de celui du rêve et ce travail d'adoption met donc un terme à tous les possibles. Cet enfant qui est là n'est plus tous les autres rêvés, imaginés, fantasmés. Il n'est que lui et cette réalité plonge d'emblée ses parents dans la notion de finitude, car tout ce qui existe, n'existe qu'un temps, seul. Mais avec la réalité de ce bébé, chaque parent se rappelle aussi lui-même combien il est faible, c'est-à-dire ni parfait, ni irréprochable. Et la plupart du temps, ce petit être va venir, comme un miroir, refléter quelques-unes des imperfections parentales, notamment physiques, mais plus tard aussi, en grandissant, certains traits de personnalité. Eh oui, le fruit ne tombe jamais loin de l'arbre !

“

Caroline, qui est aujourd'hui âgée de 48 ans et est en thérapie pour une phobie d'ascenseur, rapporte, au cours d'une séance où elle est invitée à associer autour de « monter-descendre », les souvenirs de la naissance de sa première fille.

« J'avais accouché la nuit, après plus de 24 heures de travail qui m'avaient littéralement épuisée. Le bébé faisait comme des va-et-vient dans l'utérus, disait la sage-femme, s'engageant, puis se rétractant, montant, descendant, sans vouloir sortir, ce qu'elle finit tout de même par faire à 4 heures du matin, quand plus personne ne s'y attendait. Mon mari avait été renvoyé à la maison par les médecins qui pensaient que la naissance n'aurait pas lieu avant le lendemain matin et, quand elle poussa son premier cri, je n'avais, moi, plus de souffle ni d'énergie, plus même assez de courage pour la regarder, pour la serrer dans mes bras. Le contact initial ne fut donc pas comme je l'avais imaginé.

Quand en fin de matinée, la puéricultrice s'avança en poussant le couffin d'Emma près de moi, un effroi m'envahit. J'osai à peine la regarder, par crainte de ne pas l'aimer, d'être déçue d'elle après ces heures de souffrance à la faire naître. Tant qu'elle était dans mon ventre, chacune de mes pensées la concernant était douce, calme, agréable et je l'imaginais belle, parfaite, au teint de pêche, à la bouche en cœur, aux yeux bleus et malicieux. Maintenant qu'elle était là, plus de place pour le rêve, je devais l'accepter comme elle était, avec ses petits yeux foncés aux paupières bleutées, abîmées par la naissance, ses oreilles quelque peu décollées, qui me rappelaient celles de mon beau-père, sa chevelure hirsute et foncée, la faisant étrangement ressembler à la sœur de mon mari et contrastant avec les miens, blonds et éparses. C'était ma fille, j'étais sa maman, mais tout aurait pu m'en faire douter, tant l'écart était grand entre ces mois d'attente où je l'avais tant imaginé et cet être que je découvrais dans ce couffin…

À l'arrivée d'Emma, tous mes repères ont volé en éclats, ma rencontre avec elle a démarré par une douleur que j'avais qualifiée à l'époque d'insupportable, par la solitude également, puisqu'elle est née sans la présence de mon mari, par l'inattendu aussi, car en la découvrant, il m'a fallu du temps pour la faire mienne, pour me l'approprier, tant Emma était différente de l'enfant rêvée. Longtemps, je ne l'ai pas trouvée jolie, jusqu'à lui reprocher dans mon for intérieur ses grandes oreilles décollées, ses petits yeux bridés, sa massive chevelure foncée. Je crois qu'il m'a fallu beaucoup de temps, pour faire ce pas vers elle, pour l'aimer comme elle était et pour accepter qu'elle puisse être différente du bébé dont j'avais rêvé.

Aujourd'hui, elle a 16 ans et ses attitudes me rappellent souvent ce moment de sa naissance : Emma n'a de cesse de partir, revenir, je ne sais jamais où elle est, quand elle rentrera, elle fait sa vie. Mon mari la laisse faire et moi, comme au moment de l'accouchement, je me retrouve là, seule, sans savoir l'issue de cette adolescence qui dure depuis des années… »

Caroline relate avec émotion cette rencontre avec son premier nouveau-né et ce travail d'ajustement qu'elle se souvient avoir fait, non sans difficulté. Tant qu'Emma était dans son antre, elle ne pouvait qu'être parfaite et ressemblait à ce qui, pour elle, pouvait correspondre à un bébé idéal. Mais, avec sa naissance, il a fallu qu'elle fasse ce chemin qui la conduise vers son enfant réel et malgré qu'Emma soit née en bonne santé et sans difficulté notable, on entend à travers les confidences de sa maman que ce parcours ne fut ni aisé ni naturel. Eh oui, chaque enfant est un harmonieux mélange de la génétique d'un homme et d'une femme, et la génétique se combine parfois de façon malicieuse ; dans les tiroirs où elle a puisé, elle ne s'est pas servie uniquement des qualités, mais a pioché aléatoirement et s'est saisie des caractéristiques des uns et des autres pour former un nouvel être.

En associant « monter-descendre », qui est effectivement la fonction propre de l'ascenseur, à la naissance de sa fille, cette maman fait comprendre que cet accouchement long et douloureux fut cependant pour elle brutal et rapide. Lorsque, dans un ascenseur, on sélectionne un étage, on y est généralement vite propulsé et les portes s'ouvrent sur l'étage sollicité. Caroline, en sélectionnant le « bouton Emma », a connu quelques péripéties : les portes ont hésité à s'ouvrir d'abord, puis quand elles se sont enfin ouvertes, elle s'est retrouvée dans un état d'essoufflement voire d'anéantissement ne lui permettant guère de se connecter à son enfant, pourtant tant attendu et rêvé. Emma n'était plus son bébé du temps de la grossesse, mais une inconnue, un nouvel être qu'elle devait à présent accepter de découvrir et apprendre à aimer. Il est probable que sa phobie d'ascenseur ait trouvé l'une de ses origines en ces points d'ancrage. En effet, la peur de la nouveauté, de l'inconnu, du non-maîtrisable s'exprime en principe à travers ce type de phobie.

Cette situation illustre le travail d'adoption, de connexion affective et cérébrale que toute maman fait au moment de la première rencontre avec son nouveau-né. Et bien que ce travail d'accordage semble naturel, il n'est pas toujours immédiat et facile.

Le développement psychologique du bébé s'accomplit ainsi dès sa naissance et à partir de compétences tout à fait rudimentaires. Il ne peut se réduire à l'aspect moteur des acquisitions, même si celui-ci est fondamental, mais doit aussi tenir compte de la communication émotionnelle et affective et de l'ensemble des interactions existant entre le nouveau-né et sa mère.

C'est dès ce moment que se tisse entre le nouveau-né et sa mère un lien tout à fait particulier. Si la plupart du temps, il se forge des relations profondes et généreuses, parfois aussi peuvent se développer des sentiments plus ambivalents comme la crainte, le rejet, voire l'aversion.

Les premiers mois du nouveau-né

Tant que le fœtus était dans son milieu utérin, ses besoins étaient naturellement satisfaits et ses apports nutritifs constants. Nul besoin pour lui de demander ou de patienter : bébé était servi dans l'instant. Protégé dans la zone intra-utérine des trop fortes stimulations sensorielles, la notion de désir lui était encore inconnue. Or, à sa naissance, ces données deviennent caduques. Le bébé est de toutes les créatures celle qui est la plus inachevée et ce n'est qu'avec quelques réflexes opérants qu'il aborde le monde : tous les bébés sont des « prématurés » ! Ils ne disposent que des pleurs, du toussotement et du gigotement, pour exprimer ce qu'ils ressentent. Inutile de dire, alors, combien le petit de l'Homme est immature, fragile et incapable de répondre seul à ses besoins. Il n'est pas non plus assez mature psychiquement pour faire l'expérience de la frustration ou de l'attente, ce qui signifie qu'au cours de ses premiers mois de vie, ses parents devront être à sa disposition la plus totale. Le bébé ne peut pas survivre sans son environnement, dont il est totalement dépendant.

Durant ces premiers mois, le bébé est dans une bulle avec sa mère et ils constituent ensemble un système omnipotent. Il s'agit de la mère au sens large, c'est-à-dire de la personne au service de l'enfant avec tout ce qu'elle apporte du père dans son discours. Après sa naissance, le psychisme du bébé pourrait se résumer à des pulsions et des besoins – ce que les psychanalystes appellent le ça –, mais c'est aussi l'âge de la toute-puissance, car à ce stade sa conscience n'a pas accès à ses propres limites physiques et encore moins à l'existence des autres. En effet, le bébé n'a pas encore conscience du dehors et du dedans, du soi et du non-soi : il vit dans une sorte d'autarcie où son omnipotence est maximale. Le moi et le non-moi n'existent pas encore[1], c'est-à-dire que le bébé ne se vit pas séparé de sa mère et n'a pas intégré qu'il y a un « autour de lui ».

Ainsi, en devant attendre (le biberon, le sein, les bras, etc.), il va prendre conscience qu'il existe un monde extérieur et qu'il peut l'utiliser, s'en faire même un allié. C'est le début du processus de la pensée, la découverte qu'il existe un espace et un temps et que le monde extérieur n'est ni soi, ni nécessairement hostile. Dans cette période, où généralement la satisfaction dépasse l'inconfort, le psychisme va identifier cette satisfaction comme étant une expérience positive et ce sentiment de bien-être permettra une bonne intégration des limites de son corps. Bien sûr, le développement psycho-affectif de l'enfant

1. Voir Melanie Klein, *La psychanalyse des enfants*, trad. de J.-B. Boulanger, Paris, Presses universitaires de France, coll. « Quadrige », 2013.

va se poursuivre au-delà de ce premier semestre de vie, ce stade oral recouvrant d'ailleurs approximativement toute la première année. Mais l'insistance sur ces premiers mois du nourrisson permet de resituer sa très grande vulnérabilité originelle. Aucun nouveau-né de cet âge n'a alors un Moi assez fortifié et fondé et ne peut donc être capricieux ou mal intentionné. Le laisser, par exemple, crier son désarroi serait un contresens total.

Un accordage affectif

Le nouveau-né a d'abord besoin de présence et de contenance, d'un environnement aimant et apaisant et c'est grâce à cette sécurité affective qu'il pourra accéder à la conscience d'exister en tant que soi entouré d'autres. Cette genèse de la relation objectale débute ainsi dès la naissance et c'est en fonction de la qualité de ces interactions précoces que pourront s'édifier, facilement ou non, les bases éducatives, puisque, comme nous le verrons ultérieurement, éduquer est une affaire de relation.

En préambule de l'éducation se trouve donc l'accueil de l'enfant dans toute sa fragilité et les premiers mois de la vie du nouveau-né devraient être totalement dédiés à l'établissement de ce lien affectif bébé-mère. Cette empathie de la mère pour son nouveau-né va lui permettre de se construire, protégé par cette bulle maternelle. C'est comme si un cordon ombilical invisible continuait de relier en permanence la maman à son bébé, décodant, pressentant ses moindres besoins avec une seule envie, celle de les satisfaire. À travers ce cordon circulerait tout ce langage émotionnel, tout le sensoriel et l'affectif de la maman, nourriture précieuse pour le nouveau-né. Ainsi « connectée » à son tout jeune enfant, la mère pourra ressentir ce dont il a besoin et s'accorder à ses besoins. C'est véritablement grâce à cet accordage affectif que le nourrisson pourra, au fur et à mesure du temps, développer des compétences et bénéficier d'un développement harmonieux.

Cette réponse en miroir de la mère aux sollicitations de son bébé, utilisera un mode de communication favorable : mimiques, sourires, câlins, langage simple et apaisant, etc., faciliteront un bon éveil et un développement harmonieux. Cette écoute attentive et cette disponibilité pour le nouveau-né, massive au cours du premier semestre, vont bien sûr se poursuivre au-delà, tout en se réduisant au fur et à mesure des nouvelles aptitudes et compétences de l'enfant. C'est alors que pourront démarrer, là aussi tout à fait progressivement, les prémisses des bases éducatives. On comprend ainsi pourquoi il est important que la maman puisse être disponible pour son bébé au début de sa vie ; c'est grâce à cette présence attentionnée que le bébé aura la garantie d'une bonne sécurité intérieure.

On saisit aisément, après ces quelques rappels, combien le nouveau-né est vulnérable et dépendant de son entourage et combien son chemin sera long pour accéder à une autonomie qui lui sera profitable. C'est parce que l'enfant aura reçu sur le plan affectif la satisfaction de ses besoins qu'il s'inscrira dans les apprentissages, capable alors de se risquer et d'explorer son environnement, car assuré d'être aidé et secouru si un danger se présentait.

C'est bien parce que cette base sécurisante et affective sera en place que les parents pourront, dans un deuxième temps, venir semer dans ce terreau d'amour leurs ingrédients éducatifs et devenir ainsi de vrais constructeurs. Nous l'avons compris, aucun nouveau-né n'est livré à la naissance avec un « pack éducatif » ; aucun n'est civilisé, mais tous peuvent le devenir en trouvant autour d'eux des adultes « éduquants », selon l'expression de Claude Halmos[2]. L'éducation prend tout son sens, si ces préambules ont été posés, car avant d'exiger, de limiter, de contrôler, d'enseigner, il faut avoir donné à son enfant assez de présence, de contenance et d'amour, pour lui permettre en retour de suivre, quand il grandira, des directives. Un bébé n'obéit donc qu'à ses propres pulsions et a tout à apprendre.

Aimer son enfant, c'est quoi ?

Aimer son enfant, c'est lui apporter tout ce dont il a besoin pour progresser et grandir, et avoir conscience que ce don n'a comme seul objectif que de le préparer à devenir à son tour adulte et de ce fait à quitter ses parents aimants. Il s'agit bien là du seul amour qui donne pour ne pas garder à soi, mais pour aider à partir. En cela, aimer un enfant ne dépend pas de l'intensité de l'attachement, mais de sa nature. Brazelton disait : « Être là quand l'enfant en a besoin et lui montrer que l'on se préoccupe de lui est ce qui permet à l'enfant de savoir qu'il est aimé[3]. »

Aimer un enfant, c'est être là quand il en a besoin, mais aussi quand il n'en a pas besoin. C'est savoir l'écouter, le consoler, le câliner, c'est aussi l'aider à grandir

2. Claude Halmos, *Grandir : les étapes de la construction de l'enfant, le rôle des parents*, Paris, Librairie générale française, coll. « Le Livre de poche », 2010, p. 40.
3. Le pédiatre américain T. Berry Brazelton est né en 1918. Voir entre autres T. Berry Brazelton et Joshua D. Sparrow, *Votre enfant et la discipline*, trad. de Marie-France de Paloméra, Paris, Fayard, coll. « Méthode Brazelton », 2004, 218 p.

et tous les jours lui montrer le chemin de l'autonomie, c'est l'accompagner jusqu'au seuil de sa vie adulte, en étant persuadé de lui avoir donné le meilleur. Meilleur qu'un autre saura savourer... L'enfant n'est pas une œuvre qui appartiendra un jour à ses créateurs ; la vie continuera à l'embellir et ses parents, qui ont esquissé cette œuvre, ne la verront pas s'achever, car ils partiront vraisemblablement avant lui.

L'enfant n'a pas besoin d'un amour exclusif !

Il est donc important que l'enfant se sente aimé par ses parents et les adultes qui s'occupent de lui, mais en même temps il conviendra de tout faire pour qu'il s'aperçoive qu'il n'est pas le seul objet d'amour de l'adulte ni son unique source d'épanouissement. Aimer son enfant, lui montrer toute l'importance qu'il représente, tout en lui signifiant que ses parents aiment ailleurs : l'enfant ne doit pas être grugé par ces derniers. Il n'est pas leur unique objet d'amour ! D'ailleurs, quand il est mis à cette place de centre principal d'attention et d'amour, il deviendra vite un enfant excédé, excessif, exclusif. L'enfant n'a pas besoin d'exclusivité en matière d'amour, mais au contraire, il se sentira rassuré d'être aimé par plusieurs personnes, de façons différentes, et sera libéré de comprendre que tous ceux qui l'aiment, aiment d'autres aussi. C'est précisément ce que l'enfant devenu grand devra apprendre à son tour : aimer au pluriel !

Ainsi, par amour, il conviendra d'oser dire « non », par amour on le laissera faire seul, par amour on évitera de vouloir se mettre à sa place : bref, par amour, on le préparera à vivre sans nous... et cela devrait démarrer avant sa première année. Savoir s'entourer d'une baby-sitter, trouver une crèche ou une nounou à qui le confier à sa reprise de travail, reprendre sa vie sociale (amis, sorties, week-ends, etc.) sont autant de modèles qu'il serait favorable de lui montrer, afin que l'enfant comprenne progressivement que le monde extérieur est bon pour ses parents, et qu'il sera donc bon pour lui aussi. La vie de l'enfant ne se limite pas à celle de ses parents et c'est en se retirant de la position d'interlocuteur unique que l'enfant pourra faire d'autres expériences qui sauront l'enrichir et qui lui permettront à terme de trouver sa place dans la société. Bien sûr, il ne s'agit pas de le laisser livré à lui-même avant qu'il ne soit en capacité de le faire, la marche de l'autonomie se fera progressivement.

Être parent, c'est donc manifester à son enfant un lien d'amour indestructible, un amour sécurisant, authentique, qui saura le diriger vers le chemin de l'autonomie, mais un amour qui n'enfermera pas l'enfant dans un statut d'objet unique à aimer.

L'amour idéal n'existe pas

L'amour est désordre, passion, parfois même haine... c'est pourquoi il ne peut pas être le seul fondement de la relation parent-enfant, au risque de devenir tyrannique. Si l'amour est essentiel, il est cependant insuffisant pour éduquer un petit.

En effet, chaque enfant va dès le début de sa vie venir mettre en faillite le parent, criant, refusant de s'alimenter, de dormir, etc. Après le premier semestre de vie, il est tout à fait possible de ne plus répondre uniquement à son enfant que par la compréhension, l'empathie, sa mise à disposition. Un parent a aussi le droit de ne pas masquer ses énervements et sa désapprobation en se montrant ferme et juste à l'égard de son enfant. Un enfant systématiquement colérique au moment du bain ou de l'habillage, par exemple, ne mérite pas une effusion d'amour de la part de ses parents, mais une réaction d'insatisfaction. Parfois, les parents s'interdisent l'expression de mauvais sentiments, car, pour eux, ils vont à l'inverse de leur idéal d'amour. Il faut apprendre à renoncer à l'amour idéal, qui n'existe pas, puisque, par nature, depuis l'origine du monde, l'amour est ambivalent.

Aimer, c'est savoir se quitter, pour toujours vouloir se retrouver

On l'aura compris, aimer son enfant n'est pas l'assujettir, vouloir le posséder ou l'anéantir ; aimer son enfant, c'est se sentir capable de s'en priver, de le perdre un jour, justement quand il sera beau, grand, autonome, responsable... Il ne suffit pas d'aimer son enfant pour en faire un sujet indépendant et responsable ; il faut l'aimer de façon à ce qu'il puisse partir. C'est d'un amour altruiste et désintéressé, d'une certaine façon, dont l'enfant a besoin pour se construire.

L'amour parental, contrairement à l'amour conjugal, ne repose guère sur la réciprocité. L'amour que l'on porte à son enfant est fondé sur le désintérêt : on est censé lui donner sans rien demander en retour, tout du moins, pas de façon symétrique. Ce n'est pas à l'enfant d'aimer ses parents pour les rassurer, mais bien l'inverse. Quand le parent parvient à aimer son enfant comme un individu à part entière et non comme un être lui appartenant ou devant lui ressembler en tous points, l'amour parental est alors à son apogée. Et il n'est pas toujours facile pour le parent d'aimer ainsi son enfant et de savoir, dès sa naissance, qu'un jour il partira pour aimer dans des ailleurs, où ses parents n'auront plus, de loin, la première place.

C'est dire combien les parents doivent être solides eux-mêmes pour réussir ce tour de force : l'aimer sans relâche jusqu'au temps où il pourra lui-même être en capacité et se sentir libre d'aimer qui il voudra. Et ce qui est sûr, c'est que ses parents ne feront pas partie de sa liste d'amoureux, même si son lien à eux, primitif et si particulier, le marquera toute sa vie. C'est bien parce que les parents seront en capacité de renoncer à l'exclusivité de l'affection de leur enfant que, pour ce dernier, une vie relationnelle sera possible.

Quand les parents sont suffisamment solides, ce travail est possible ; quand ils peuvent eux-mêmes aimer d'autres que leurs enfants, ce travail est plus aisé encore ; enfin, quand eux-mêmes ont ainsi été aimés, tout est simple et naturel et aimer leur enfant, c'est alors s'inscrire dans les pas de leurs propres géniteurs et permettre réellement à leurs parents de devenir des grands-parents, des parents qu'il est possible de voir comme des parents devenus grands.

Pour aimer son enfant... quatre repères

Comment faire pour aimer son enfant ?

Pour qu'un enfant s'épanouisse pleinement, il a besoin avant toute chose de se sentir aimé de façon inconditionnelle et constante. Il faut ainsi lui manifester un amour indestructible, inscrit dans une relation hiérarchique, où le parent donne sans compter et sans rien attendre en retour. L'aimer quoi qu'il fasse et quoi qu'il dise... tel est le défi de l'amour parental.

L'aimer tel qu'il est

Avec la naissance, le parent doit renoncer à l'enfant imaginaire et adopter l'enfant tel qu'il se présente, avec l'ensemble de ses caractéristiques réelles. Ce travail d'adoption sera plus aisé et immédiat, si l'écart entre l'enfant rêvé et celui qui se présente est réduit et bien sûr plus long et alambiqué dans le cas contraire.

Regarder son nouveau-né, se connecter visuellement à lui sera important pour le parent et le bébé, car le regard est contenant, porteur, intime et agréable. Si les yeux de bébé commencent à fixer les objets entre deux et six semaines, le nouveau-né bénéficiera dès sa naissance du regard protecteur de ses parents, car regarder son bébé, c'est de suite lui donner une place vivante, c'est porter sa douce respiration sur la vie qui vient de naître. Un bébé regardé s'efforcera alors de chercher d'autres yeux qu'il fixera pour se nourrir émotionnellement et affectivement dès qu'il sera en capacité de le faire.

Bien sûr, en plus de le regarder, le toucher est le moyen le plus évident de lui manifester votre amour : baisers, étreintes, caresses... Là encore, ce besoin est simple et vital et il est dommage de constater que de nombreux parents ne touchent leur enfant que lorsque cela est vraiment nécessaire (pour les aider à s'habiller, se laver...) ou qu'ils abandonnent les contacts au fur et à mesure que l'enfant grandit. Or l'enfant, tout comme l'adulte d'ailleurs, a besoin d'être touché pour sentir qu'il existe, qu'il est reconnu, apprécié et aimé, et cela, aussi bien par sa mère que par son père.

L'aimer de façon non exclusive

L'aimer d'un amour authentique et constant sans pour autant lui donner l'illusion qu'il est le seul centre d'intérêt de l'adulte. Si, dans les premiers mois, toute l'attention est portée vers lui, il sera important au fur et à mesure de lui signifier qu'il n'est pas la seule personne aimée par ses parents, qui aiment aussi leurs autres enfants, quand ils en ont, qui s'aiment entre eux et qui aiment d'autres personnes de leur entourage. Un amour fusionnel, unique, exclusif placerait l'enfant dans une position insoutenable qui l'aliénerait. Or un authentique amour parental n'aliène pas, il ouvre à la vie, il introduit l'enfant dans la vie.

L'aimer d'un amour non idéalisé

L'amour connaît en principe toutes les météos : le temps n'y est pas toujours clément et parfois des orages noircissent le ciel. Aimer son enfant, c'est donc savoir lui dire « non » autant que « oui » et oser le frustrer et voir sa colère se déverser sur soi, en étant, le temps d'une insatisfaction, « le méchant parent ». Il est important de renoncer à un amour sans faille où seul le « oui » existerait et de comprendre que l'amour parental, qui doit diriger, protéger, enseigner, est un amour qui passera par des conflits et des tensions. Savoir faire le deuil de l'amour idéalisé serait ainsi utile dès les premières semaines de vie de bébé.

L'aimer et pourtant accepter de le laisser partir petit à petit

Après le premier semestre de vie, le bébé sera prêt pour se détacher progressivement de ses parents et se lier à d'autres adultes, car aimer un enfant, ce n'est pas vouloir le garder à soi, mais au contraire, lui donner jour après jour la possibilité de se lier à d'autres que soi. L'avenir d'un enfant et son épanouissement ne pourront que se faire à l'extérieur de sa cellule familiale et c'est parce que ses parents sauront le guider dès sa première année vers le monde extérieur qu'il pourra se l'approprier, l'apprécier et finalement de nombreuses années plus tard y trouver sa place d'adulte épanoui.

Chapitre 2

Place et statut de l'enfant dans la famille

Rappel historique

Le statut social de l'enfant a grandement changé à travers les époques, ce qui nécessite ce bref rappel historique.

De l'Antiquité au Moyen Âge : absence d'intérêt et absence de distinction

« Enfant », qui vient du latin *infans* (*in*, privatif, et *fari*, parler), signifie « celui qui ne parle pas ». Telle fut la place allouée à cette époque à l'enfant, qui avait alors un statut de « non-citoyen ». Considéré comme un être sans réflexion, sans logique ni intelligence, il était emmailloté pour qu'il ne puisse guère se mouvoir et était dressé par ses parents.

Si, pendant l'Antiquité, l'enfant ne représentait aucun intérêt pour les adultes, au Moyen Âge, son statut change et il devient alors un petit homme. Aucune distinction ne le sépare de l'adulte et il entre très rapidement dans le monde du travail. Jusqu'au XIIIe siècle, les œuvres picturales présentent l'enfant comme un adulte à échelle réduite : « L'enfance était un temps de transition, vite passé, et dont on perdait aussi vite le souvenir[4]. »

Représentant l'enfant comme résultat du péché originel de ses parents, la chrétienté renforce l'image de l'enfant comme étant celle d'un petit diable sans intelligence. À cette époque, l'enfant n'a pas sa place dans l'histoire ni dans la politique ou au sein d'une structure sociale. Il fait partie du foyer, du domaine privé, et il est l'équivalent d'un objet, qui doit respect et soumission à l'adulte.

À partir du XVIe siècle

Dès le XVIe siècle, de nombreux ouvrages concernant l'éducation apparaissent. Montaigne y consacre le chapitre XXVI du Livre I de ses *Essais* (1580), intitulé « De l'institution des enfants ». Il souhaite que l'éducation ne se base plus seulement sur le savoir, mais aussi sur la formation du jugement, tout en prenant en compte la personnalité de l'élève. Les philosophes des Lumières ont également consacré nombre de leurs œuvres à l'éducation, dont Jean-Jacques Rousseau, qui écrit dans *Émile ou De l'éducation* (1762) : « L'enfance a des manières de voir, de penser, de sentir qui lui sont propres ; rien n'est moins sensé que d'y vouloir

4. Philippe Ariès, *L'enfant et la vie familiale sous l'Ancien Régime*, Paris, Le Seuil, 1973, p. 55.

substituer les nôtres. Laissez mûrir l'enfance dans les enfants. » Il préconise ainsi une éducation selon laquelle l'enfant peut s'épanouir et trouver ce qui lui plaît ou non.

À partir du XVIIIe siècle

C'est à partir du XVIIIe siècle et surtout au XIXe que l'enfant commence à avoir un statut à part entière, avec l'apparition de la famille bourgeoise centrée sur le foyer, autant matériel qu'affectif. Le nourrisson commence alors à tenir une place centrale et le regard porté sur l'enfant tout comme les comportements des adultes envers celui-ci évoluent vers plus de respect et d'empathie. On voit ainsi apparaître à la fin de l'Ancien Régime des pratiques contraceptives visant à limiter le nombre de naissances et à permettre de mieux s'occuper de chacun d'eux. Mais lors de la première révolution industrielle, les enfants sont exploités, travaillant parfois jusqu'à quinze heures par jour dans les mines et dans les forges.

La révolution industrielle et le développement du capitalisme sauvage transforment donc les enfants en une main-d'œuvre docile et exploitable. En effet, devenus littéralement des esclaves, ils se retrouvent exploités dans les mines, les forges, les ateliers et fabriques où ils travaillent la plupart du temps près de quinze heures/jour pour une rémunération en moyenne quatre fois moins importante que celle d'un adulte. Victor Hugo a consacré à ces enfants un poème en alexandrins nommé « Melancholia », extrait de son recueil *Les Contemplations* (1856), dans lequel il évoque le travail pénible qu'ils ont à faire :

« Ils s'en vont travailler quinze heures sous des meules ;
Ils vont, de l'aube au soir, faire éternellement
Dans la même prison le même mouvement. »

La loi de 1841

Ce n'est qu'au milieu du XIXe siècle qu'apparaît une réelle prise de conscience, donnant naissance à une première législation de protection de l'enfant au travail. La loi de 1841 fixe en France l'âge minimum du travail à 8 ans et la durée maximum à 12 heures par jour. En 1874, l'âge minimum passe à 12 ans et le travail sous terre devient proscrit pour les enfants, réduisant considérablement l'utilisation de la main-d'œuvre enfantine.

Parallèlement, une préoccupation éducative étatique et pédagogique, associée à la baisse de la mortalité enfantine grâce aux progrès de l'ère pastorienne, permet une évolution considérable du statut de l'enfant. La guerre de 1870, par un élan populiste et nationaliste face à l'invasion prussienne, améliore encore le rôle social de l'enfant.

C'est en 1881 que l'éducation de l'enfant devient un sujet très sérieux, grâce à la loi de Jules Ferry rendant l'école primaire gratuite et obligatoire. La loi du 24 juillet 1889 entend protéger les enfants maltraités et moralement abandonnés. Celle de 1898 prévoit l'aggravation de la peine lorsque l'auteur du délit est l'ascendant ou le gardien de l'enfant. Ces deux avancées juridiques symbolisent d'une certaine façon la mise en marche d'une véritable reconnaissance du statut de l'enfant, lui conférant une place réelle dans la société. Le XXe siècle sera alors le siècle des droits de l'enfant. Malgré ces nouvelles lois, l'enfant gardera jusqu'au milieu du XXe siècle son statut de travailleur et continuera à aider ses parents dans toutes les tâches quotidiennes. Seules les familles riches offrent des études longues à leurs enfants.

Au début du XXe siècle

En 1924, les droits de l'enfant se concrétisent par la rédaction de la première *Déclaration internationale des droits de l'enfant*, adoptée par la Société des Nations. Quoiqu'étant très brève, cette déclaration est importante, car elle constituera le socle de ce qui deviendra, 65 ans plus tard, la *Convention des droits de l'enfant*. Ce traité international a été voté par l'Assemblée générale des Nations unies. De ce fait, il doit s'appliquer aux pays du monde entier. Cette convention évoque différentes exigences fondamentales propres à tous les enfants, parmi lesquelles le droit à la santé, à la nutrition et à l'éducation.

En 1920, aux États-Unis, la commercialisation de la pilule sera autorisée, mais en France, il faudra attendre 1967, grâce à la loi Neuwirth, puis 1975, pour la loi sur le droit à l'avortement. Ces deux nouvelles lois permettront aux parents de choisir leur moment pour l'arrivée de leurs enfants, ce qui modifiera radicalement leurs statuts : les enfants ne sont plus des fatalités de la nature, mais deviennent des enfants désirés, attendus, programmés. C'est à cette époque que les enfants prennent pour la première fois une place à part entière en devenant le centre de la famille, le moteur du budget et même souvent le lien du couple.

L'enfant de la seconde moitié du XXe siècle

Avec la naissance du premier enfant, le couple se transforme en famille, cette dernière pouvant s'agrandir au fil du temps. Ainsi, la première unité sociale à laquelle se confronte l'enfant en arrivant dans la vie est sa famille. La famille a connu, comme nous venons de le voir, d'importants bouleversements au fil du temps, et par voie de conséquence le statut de l'enfant aussi. Dans la seconde moitié du XXe siècle, de nouvelles mutations se produisent selon un tempo crescendo et accéléré. La famille se construit, se déconstruit, se recompose, devient monoparentale, coparentale et même homoparentale.

L'accès à la maternité a également pris des formes nouvelles et variées : bien que l'enfant reste le fruit d'une rencontre entre un ovocyte et un spermatozoïde, les modalités de cette mise en relation ne sont plus toujours naturelles et romantiques, mais aussi issues de manipulations médicales. Avant d'être dans l'antre maternel, l'embryon peut être passé par l'éprouvette et certaines mains d'experts. On peut imaginer dès lors combien il sera ardu d'imposer des règles et des limites à cet enfant désiré à n'importe quel prix, au prix d'un « parcours du combattant » rude et sans fioritures. Comment frustrer celui qu'on a tant attendu ? Et à force d'avoir dû patienter si longtemps, maintenant qu'il est là, offrons-lui un bonheur immédiat, satisfaisons-le dans l'instant, comme s'il fallait effacer la longue attente anxiogène des parents. Adieu frustrations, obligations et contraintes et bienvenue dans un monde où seul l'enfant est acteur de sa vie, avec comme serviteurs de qualité, ses parents, comme assistants, la société.

Jusque dans les années 1960, la famille était le premier lieu sécure où l'enfant pouvait se préparer au fur et à mesure à la vie sociale. Au sein de sa famille, aimante et protectrice, l'enfant apprenait progressivement à s'humaniser, à prendre une place de plus en plus active dans la société, respectant les règles qui la régissent. En apprenant ainsi à consentir à une perte de jouissance, l'enfant trouvait progressivement sa place parmi tous les autres. Car, pour se civiliser, il faut renoncer aux plaisirs de l'instant, il faut composer avec de nombreuses frustrations.

Après 1968, l'image du père limitant et permettant à l'enfant le renoncement au monde pulsionnel, s'est effondrée. L'autorité dite « patriarcale » s'est alors vue officiellement condamnée, car abusive, répressive et censurante. L'ère « fais ce qu'il te plaît » venait de remplacer l'époque « fais ce que je te dis » : à partir de là, adultes et enfant concourent sur le même plan. La négociation, l'écoute, le plaisir occupent alors le devant de la scène éducative. Éduquer son enfant signifie savoir l'écouter et, de préférence, le contenter dans sa demande. À l'impératif du devoir vient se substituer l'impératif du jouir, à l'éducation se substitue la séduction. L'enfant est à présent désiré et attendu, voulu à un moment précis et surtout voulu pour soi et non plus pour la société. Il est par ailleurs tout de suite reconnu comme sujet à part entière au même titre que les autres membres de la famille et de la société. Il est souvent considéré comme l'égal de ses parents et les droits qu'on lui reconnaît, à juste titre, anesthésient souvent les contraintes et obligations qu'il y aurait lieu de lui imposer.

De l'enfant comme sujet en devenir nous sommes passés à l'enfant comme sujet, ce qui est fort différent, car si le « en devenir » n'existe plus, une importante étape sera évincée. L'enfant est mis à l'abri des manques, pourtant absolument nécessaires, car fondateurs et formateurs, et développe de plus en plus de manifestations de mal-être.

La voix de Françoise Dolto

Quelques années plus tard, on pouvait entendre la voix de Françoise Dolto sur les ondes de France Inter. La grande dame de la psychanalyse répondait aux milliers de parents qui s'interrogeaient sur le « comment éduquer notre enfant ». Elle révolutionnait littéralement l'éducation des enfants. L'enfant est « un être de langage », disait-elle, il ne faut rien lui cacher de ce qui le concerne, il est « un sujet de désir et d'intelligence ». Ses livres, accessibles au grand public, son franc-parler et sa grande humanité séduisent la population qui par son entremise découvre d'une certaine façon la psychanalyse.

Dolto a-t-elle aliéné les parents en libérant ainsi les enfants ? Plus de quarante ans après, certains confrères psychiatres, psychanalystes ou psychologues le pensent et le proclament. Tel n'est cependant pas notre point de vue. Certes, la médiatisation et la vulgarisation excessives de son discours d'expert, parti pris tout à fait inédit, auront probablement mené à de mauvaises interprétations. La théorie psychanalytique est complexe, ardue, parfois même infranchissable ; alors, quand elle est transmise sans écran au grand public, on peut bien imaginer les dérives possibles et penser que les parents sollicitant l'aide de Françoise Dolto entendaient son message de façon sélective.

Accorder à l'enfant une place au sein de la famille, ne plus le considérer comme un animal à dresser, un être sans raison ni sentiments et avis, ne voulait sûrement pas dire lui donner la place de chef de famille. Participer aux débats quand ces derniers le concernaient ne voulait pas dire non plus le laisser décider : en tout cas, Dolto n'a jamais dit que l'enfant était le décideur, celui à qui on devait obéir. Pourtant, certains l'ont ainsi compris et ont appliqué ces recettes permissives, sans paroles structurantes. Ils l'ont payé cher... Alors, si du credo « l'enfant est une personne » on a glissé furtivement vers l'enfant roi, voire vers l'enfant tyran, ce n'est pas à cause de Dolto, mais plutôt à cause d'une erreur d'interprétation de son message, qui trop vulgarisé, trop simplifié, a été reçu de façon déformée.

D'importants contresens ont conduit beaucoup de parents à mal utiliser les « recettes doltoïennes », alors que le message de la psychanalyste était pourtant clair. Françoise Dolto serait sûrement la première à s'offusquer de voir, dans certaines maisons, l'enfant être au centre de la famille, et ses parents à son service. « Chacun à sa place et une place pour chacun », a été le leitmotiv de Dolto, qui était très sensible à l'éducation des enfants et savait combien le guidage parental était un ingrédient incontournable au bien-être du sujet en devenir.

L'enfant est certes une personne, mais une personne en construction qui a besoin, pour bien se développer et s'épanouir, de l'autorité des adultes et des repères de leur éducation.

La place de l'enfant dans la famille d'aujourd'hui

Jusqu'il y a peu de temps, la famille n'était pas seulement un champ privé, mais aussi le premier lieu où se préparait la vie sociale de l'enfant. Cette fonction de socialisation, d'humanisation nécessitait que l'enfant apprenne au sein de sa famille, protectrice et aimante, à consentir à une perte de jouissance. Car, pour trouver sa place parmi les autres, il faut bien sûr apprendre à vivre avec eux et à renoncer à ses seuls désirs et plaisirs. Mais les parents d'aujourd'hui laisseraient volontiers croire à leur progéniture qu'une jouissance sans limites est possible, et ce d'autant plus que cette famille est moins bien articulée au social et n'a plus comme finalité la reproduction de l'espèce et la formation d'êtres pour la société. Aujourd'hui, l'enfant est désiré ou plutôt il est l'enfant voulu, attendu à un moment précis, attendu surtout pour soi et non plus pour la société.

Par ailleurs, dès sa naissance, il n'est plus assimilé à un petit être qu'il conviendrait de socialiser, d'éduquer. L'enfant n'est plus considéré comme un sujet en devenir, en construction, mais il est au contraire accueilli d'emblée comme un sujet à part entière au même titre que les autres membres de la famille et de la société. Ce sont les effets conjugués de cet enfant voulu pour soi et conçu d'emblée comme sujet qui modifieront l'éducation qu'il recevra de cette même famille. L'enfant d'aujourd'hui est, la plupart du temps, surinvesti, hyperprotégé, comblé de toutes les manières possibles, aussi bien affectives que matérielles, dans une tentative désespérée de le mettre à l'abri du manque, pourtant nécessaire parce que fondateur et formateur.

Enfin, pour cet enfant, on voudra bien sûr le bonheur absolu, ainsi que le bonheur au sein de la société. Alors que les parents de la génération précédente prenaient sur eux la charge d'éduquer leur enfant au prix de contraintes et d'exigences incontournables, les parents actuels cherchent pour leur enfant un autre type de bonheur, un bonheur immédiat pourrait-on dire, constant et éternel, réalisé au travers de son épanouissement individuel, sans frustrations, contraintes ou vexations qui ne pourraient venir que l'entraver. Ainsi, ils veilleront à éviter à leur enfant toute frustration et toute contrainte, le laissant choisir de manger ce qu'il veut et quand il veut, dormir s'il en a envie et l'a décidé, etc. Plus de rythme, plus de contraintes, plus de césures et de temporalité, l'enfant décide et dispose.

Il serait certainement faux et caricatural de dire que tous les parents agissent ainsi avec leurs enfants. Mais ce qu'il est intéressant de souligner, c'est que même ceux qui perçoivent encore la nécessité de ces apprentissages et de ces limitations se trouvent être de plus en plus en difficulté pour s'autoriser à procéder ainsi, tellement le discours social véhicule de moins en moins cette nécessité.

Une fonction éducative et structurante

Pris dans le discours social du droit de l'enfant, de la liberté de l'enfant et de son autonomie, les parents sont en effet de plus en plus souvent embarrassés pour s'autoriser à exercer « la forme de violence » nécessaire que nécessite l'éducation d'un enfant. Mais cette violence refoulée ne pourra que faire retour et l'on constate déjà de plus en plus d'enfants porteurs de troubles divers et variés et de demandes de consultations autour de ces questions d'éducation et d'autorité. Cette dernière est passée chez les enfants, qui en ont dépossédé leurs parents !

En passant, en quelques décennies, d'une organisation sociale verticale – qui reconnaissait une place d'extériorité, une place d'exception, celle de Dieu qui conférait aux représentants qui l'occupaient (le roi/l'État/le père) une autorité reconnue par tous – à une organisation sociale horizontale avec comme conséquences l'abolition de toute différence et l'espoir de pouvoir accéder à une jouissance sans limites, l'éducation des enfants actuels devient un quasi-tour de force.

Comment en effet les familles peuvent-elles encore accomplir leur fonction éducative et structurante ? La structure familiale devrait être le lieu privilégié des complexes (d'après Freud et Lacan), le complexe étant pour Lacan « le caractère qui spécifie l'ordre humain ». Ainsi, les complexes de sevrage, d'intrusion, de castration ou d'Œdipe trouveraient leur lieu d'élection le plus stable au sein de la famille, permettant alors aux enfants d'organiser et de structurer favorablement leur développement psychique.

Mais la famille est-elle encore le lieu d'exécution des complexes structurants ? Pour qu'elle puisse l'être, elle devrait être durable, stable, et les figures parentales clairement situées à leurs places générationnelles, c'est-à-dire avec une transparence évidente des hiérarchies. Force est de constater que ce modèle familial ne fait plus partie des plus usuels. Souvent, les parents ne font plus équipe ensemble et l'enfant doit s'adapter aux demandes de l'un certains jours, à celles de l'autre les jours suivants. Les mères sont constamment en attente, oscillant entre l'idée qu'elles peuvent s'en sortir seules, en ayant alors traité le père de leur enfant d'incompétent, et celle de rechercher un conjoint, quel qu'il soit, pour mettre quelqu'un à la place laissée vacante par le géniteur. Dans ces deux cas, l'enfant ne peut s'y retrouver, car la sécurité et la fiabilité du modèle familial manquent cruellement. Quand il n'y a ni stabilité, ni autorité, ni limites, ni conflit, l'enfant ne grandit plus dans un monde réel et l'adulte, ainsi retiré de la lutte pour s'imposer, va devenir insécurisant et incapable d'assumer sa place de parent.

Une histoire générationnelle

Il est ainsi urgent que chaque adulte occupant une place au sein d'une famille la tienne avec fermeté et assurance. La différence générationnelle est un repère essentiel pour l'enfant, car elle l'oblige à se situer dans un avant et un après : cette limite générationnelle permettra à l'enfant de vivre les différents complexes en les dépassant. Si l'on peut ainsi se réjouir que l'on considère aujourd'hui l'enfant avec le souci de son épanouissement personnel, par rapport à une époque où l'éducation était rigide et même brutale, on ne peut pas accepter pour autant la démission des parents à exercer leur autorité avec le brin de violence qu'elle nécessite toujours. Aucun parent ne peut s'affranchir de ce travail éducatif qui impose une mise à l'écart de l'abolition radicale de toute différence et une jouissance sans limites. Éduquer restera toujours une mission dynamique, au cours de laquelle le parent devra parvenir à amener son enfant sur le chemin de l'humanité, c'est-à-dire sur celui de l'acceptation et de l'application des règles communes. La mission première de toute éducation est bien d'armer l'enfant le mieux possible pour lui permettre de trouver une place en société.

Toutes les familles ont aussi une histoire et c'est aux parents de la transmettre à leurs enfants. Ces racines sont utiles à leur construction, autant les racines et attaches maternelles que paternelles, l'enfant se situant précisément au croisement de ces deux chemins. Il n'y a pas d'histoire honteuse et savoir dire, raconter, conter son histoire pour la transmettre est essentiel. Bien sûr, les parents ont aussi à parler de leur propre histoire d'adultes : leur rencontre, leurs projets, leur surprise ou leur impatience autour de l'arrivée de leurs enfants. Éduquer, c'est également transmettre des valeurs, des lignes de conduite stables et cohérentes, afin que l'enfant puisse s'y référer, en discuter, les critiquer ou les adopter. Parmi les valeurs les plus courantes, on cite habituellement la confiance, le travail, le sérieux, la responsabilité, le courage, le respect, la persévérance.

Le sens de l'école

La place accordée à l'école a, elle aussi, considérablement évolué. Aujourd'hui, dès 3 ans, l'enfant passe de nombreuses heures en classe et la moitié des écoliers y resteront pendant vingt ans environ. Les parents savent aussi que l'héritage qu'ils laisseront à leurs enfants n'est plus tant constitué de biens que de la capacité de réussite scolaire qui elle seule leur permettra de trouver une place dans la société. Alors qu'il suffisait jadis de naître fils de boulanger pour devenir boulanger, les parents qui aujourd'hui veulent transmettre quelque chose à leurs enfants sont obligés de s'appuyer sur l'école. On observe une véritable obsession de la réussite scolaire associée par voie de conséquence à la hantise de l'échec. Avant, les parents effectuaient le transfert d'une génération à l'autre, aujourd'hui c'est l'école qui l'effectue en délivrant des diplômes et bien sûr des compétences.

Devenir écolier, c'est pour l'enfant répondre à trois grandes exigences : aimer agir dans le cadre des activités de la classe, trouver une place, jouer un rôle dans les relations avec ses pairs et accepter les règles de la vie collective à l'école. Aussi, pour que l'enfant puisse adhérer à cette vie que lui propose l'école, il serait souhaitable que ses parents l'y aient préparé. Mais même si le profil évoqué ci-dessus n'est peut-être pas encore général, force est de constater qu'il se propage à grande vitesse. En effet, ce que vit l'enfant à la maison et ce qu'on attend de lui à l'école, rendent aujourd'hui son entrée dans un cursus éducatif peu attrayant. Combien de parents nous décrivent dans nos cabinets une vie de famille centrée sur les enfants ? Ils ont pris l'habitude de demander fréquemment à leurs enfants ce qu'ils veulent manger, ce qu'ils veulent faire, où ils veulent aller en vacances, quel film ils veulent aller voir... L'enfant ou les enfants deviennent les personnages centraux de la vie de la famille, mais s'il est normal de veiller au confort et aux distractions de ces derniers, il est en revanche totalement anormal de les ériger en personnages centraux en fonction desquels tout va s'organiser. Cet état de choses crée chez eux un sentiment d'omnipotence permanent qui, à la longue, va les conduire à se positionner en chefs de famille, ne supportant aucune contrainte, aucune remarque, exigeant que tout s'organise en fonction d'eux. Ces enfants-là vivront forcément mal l'école, seul endroit de leur vie où ils ne sont plus le centre névralgique de l'activité.

À l'école, on ne se tait pas quand ils parlent, on ne leur dit pas tout le temps « c'est bien », « ce n'est pas grave », mais on leur demande des efforts, ne serait-ce que de s'habiller seul, d'aller aux toilettes, de se tenir tranquille pendant le temps de l'histoire. Et que dire de la lecture en cours préparatoire (première classe de l'école élémentaire française) ! Activité ingrate, où rien n'est négociable, où il faut se taire, associer deux lettres pour lire une syllabe, chaque lettre ayant une et une seule place pour faire le même son, écrire, rester à sa place... L'enfant en est pourtant parfaitement capable, mais il lui manque souvent l'initiation, normalement du ressort de ses parents.

Comment alors pourra-t-il apprécier et respecter le monde scolaire, cet endroit où tout n'est que contrainte, où ce qu'il doit faire seul est fait pour lui à la maison, où on lui serine que, pour être grand, il doit apprendre à lire, alors qu'il n'en voit pas le bénéfice immédiat ? Pire, s'il apprend à lire seul, est-ce qu'il aura la garantie que ses parents viendront encore lui lire des histoires le soir ? S'il grandit, on ne lui fera plus toutes les petites choses du quotidien que l'on fait sans même s'en rendre compte. Pire encore, s'il grandit, il deviendra l'un de ces adultes qu'il voit combler ses désirs, le servir, ces adultes qu'il fait plier avec des pleurs, des crises ou des comédies : il risque donc de perdre son pouvoir !

Le désir de grandir

L'enfant doit désirer grandir, c'est-à-dire percevoir, dans son processus de maturation, un gain potentiel qui va rendre sa vie de grand, meilleure, que sa vie de petit. C'est bien pour cette raison qu'il doit rester à sa place d'enfant et ne pas être servi comme un roi. La place d'adulte doit revêtir la dimension d'un pouvoir qu'il n'est pas censé avoir tant qu'il est petit. Il faut habituer l'enfant, dès le plus jeune âge, à faire seul tout ce qu'il peut faire seul. Cela prend souvent du temps le matin et on a plus vite fait d'habiller l'enfant, plutôt que de le laisser faire. Cela en prendra d'autant plus que les habitudes vont se prendre tard et encore plus si, à la lecture de ce livre, on tente de « redresser la barre ».

Car les enfants ont ceci de particulier : ils résistent. Ils se souviennent que, pour ceci, ils commandaient, ou que, pour cela, on le leur faisait et qu'il n'y a aucune raison qu'il n'en soit plus de même à présent. Il faut donc tenir bon et comprendre que grandir passe par des obligations, des actions personnelles, car chacun apprend des expériences et non de l'assistanat.

Le sens de l'école, des apprentissages, va alors devenir la promesse d'une accession à un pouvoir que l'enfant n'a pas au sein de sa famille. Quand il sera grand, il pourra décider de ce qu'il fera, plutôt que de toujours aller là où vont ses parents, de manger ce que mangent ses parents, de se tenir comme le lui demandent ses parents. Il pourra conduire une voiture, acheter ce qu'il veut avec son argent, se coucher à l'heure qu'il veut... Il importe que toutes ces choses soient discutées, verbalisées et on comprend bien que cette envie de grandir tombe à plat si l'enfant, en tant qu'enfant, a déjà toutes les prérogatives.

Les parents face à l'école

Paradoxalement, on constate aussi que les parents, qui souvent manquent de limites et d'idées à propos de l'éducation à transmettre à leur enfant, sont pleins de propositions, de suggestions, mais parfois aussi d'exigences face à l'école. C'est souvent là, qu'ils viennent imposer leur requête, comme s'ils savaient ce qui était bon ou non pour leurs enfants. Nombreux sont en effet les enseignants qui se plaignent de la présence quasi quotidienne des parents dans le champ scolaire, présence qui n'est ni silencieuse ni pacifique, mais souvent revendicatrice, voire agressive.

Ces parents aimeraient imposer aux équipes pédagogiques leurs desiderata et sollicitent un « sur-mesure » pour leur enfant, ne supportant pas les frustrations qu'il pourrait vivre en collectivité. Tout ce qui lui arrive de négatif est bien sûr lié au groupe, au fonctionnement de la structure et leur « pauvre » enfant est la victime toute désignée d'une société qui ne le comprend pas. Certains reprochent aussi à l'école de ne pas assez sanctionner et poser de limites (« interdisez donc le portable »), alors qu'ils sont les premiers à succomber aux désirs de leurs enfants. Ils n'arrivent pas eux-mêmes à résister aux demandes multiples de leurs enfants, mais aimeraient qu'en d'autres lieux et instances, il y ait davantage de répression et de sévérité. Autant de contradictions et de contresens pour les parents d'aujourd'hui !

“

L'histoire du petit Pol met en avant la difficulté de cet enfant de 3 ans à se plier aux règles collectives.

Depuis sa naissance, Pol n'avait connu que les bras de ses parents, parfois ceux de ses grands-parents paternels, quand Dorothée sa maman ne pouvait faire autrement. Elle-même adoptée, elle s'était promise pendant sa grossesse que son enfant ne connaîtrait nul abandon et qu'elle serait toujours là pour lui. En congé parental pendant trois années, elle avait dédié tout son temps à son enfant, fréquentant assidûment les maisons vertes de sa ville, les parcs municipaux, les airs de jeux de toutes sortes, le centre aquatique, le club de baby-gym. Toutes les stimulations étaient souhaitables pour son enfant, à la seule condition qu'elle pouvait en avoir le contrôle, c'est-à-dire rester avec Pol durant l'activité.

Sa demande de consultation aurait pu concerner l'aspect capricieux de son enfant, qui pleurait beaucoup, ou son appétit fragile, ou encore son sommeil fragmenté ou sa propreté sphinctérienne qui tardait à arriver. En fait, non, aucun de ces signes ne l'alertait. Dorothée consultait pour obtenir une lettre de recommandation, espèce de dérogation scolaire pourrait-on dire, car elle trouvait que l'école privée où venait d'être accueilli son enfant, n'était guère assez à l'écoute de ce dernier, et cherchait ainsi, deux mois après la rentrée, à lui trouver une nouvelle institution scolaire.

Dorothée supportait difficilement que les enseignantes lui ai suggéré de quitter plus rapidement la salle de classe le matin, elle était frustrée de n'avoir pas été retenue pour accompagner la première sortie scolaire de l'année et était persuadée que les pleurs incessants de Pol au moment de son départ étaient liés aux mauvaises conditions d'accueil. En fait, le garçonnet ne pouvait apprécier ce lieu collectif, où il devait apprendre à partager, à patienter, à exprimer ses désirs et à accepter qu'ils ne soient pas assouvis, car depuis sa naissance, il n'avait nul besoin de demander, sa maman anticipait ses moindres besoins et y répondait avant même qu'ils puissent se manifester d'une façon ou d'une autre. Elle ne supportait pas de l'entendre pleurer et, pour contrer les pleurs, elle était sans cesse en alerte, sur le qui-vive, envisageant toujours plusieurs solutions avant même qu'un problème ne surgisse.

Par exemple, elle expliquait que lorsqu'elle allait au parc où Pol adorait jouer dans le sable, elle emportait avec elle ses jouets favoris en plusieurs exemplaires, au cas où il en perdrait un. Elle ne s'y rendait d'ailleurs qu'en voiture, alors que le trajet en poussette prenait dix minutes, pour pouvoir plus rapidement changer d'activité, si Pol ne s'y plaisait plus. Elle amenait bien sûr ses goûters favoris et il ne lui était pas envisageable de s'asseoir sur un banc pour discuter avec d'autres mamans, car sa place était dans le sable, assise à côté de son enfant et jouant avec lui.

De quoi avait-elle ainsi besoin de le protéger, si ce n'est de ses propres angoisses à elles ?

Bien sûr, elle ne repartit pas du bureau avec une lettre de recommandation, mais avec quelques entretiens de guidage notés sur son agenda, où elle fut invitée à s'y rendre sans Pol et au cours desquels elle apprit à prendre conscience de la nécessaire séparation qu'elle devait à présent introduire entre elle et son enfant, sans plus confondre séparation et abandon.

Ne pas laisser d'espace entre elle et Pol aurait pu devenir ravageur pour la construction de cet enfant, car c'est dans le vide, dans le manque, que tout sujet se construit et apprend à désirer, mais aussi à respecter et à aimer. Ce collage malsain, ce besoin excessif de tout contrôler expliquent sûrement en partie pourquoi Pol ne grandissait pas correctement, se montrant sélectif dans son alimentation, ne dormant que dans le lit conjugal, tenant à sa couche, se montrant suractif. Les larmes versées par l'enfant au moment du départ de sa mère de l'école étaient finalement des pleurs de vie, d'existence, de sujet à part entière, car tant qu'il n'était pas scolarisé, Dorothée faisait tout pour que Pol ne pleure pas, réparant dans l'instant toutes ses peines. Mais pleurer, c'est aussi exister et signifier ses émotions et c'est aux parents d'être en capacité de les décoder, de les entendre et de les accepter, et sûrement pas de les faire taire ou disparaître.

Après quelques séances, un apaisement scolaire apparu assez rapidement dans l'attitude de Pol, qui, bien que continuant à pleurer le matin, quand sa maman quittait l'école, se montrait cependant plus présent et acteur, progressant vite dans le graphisme et sa socialisation.

Avant les vacances de Noël, Pol courait seul dans les couloirs de l'école pour sauter dans les bras de sa maîtresse. Il avait compris, et sa maman aussi, que l'école ne lui avait rien fait perdre, mais au contraire, qu'elle venait de lui faire découvrir la possibilité d'exister en tant qu'écolier.

Des importants changements quant au statut de l'enfant

D'enfant dominé à enfant respecté

La place de l'enfant dans la famille a profondément changé depuis l'Antiquité, mais surtout tout au long du XXe siècle. En effet, autrefois la sévérité et l'autorité étaient la marque d'une bonne éducation. L'enfant était un « être inachevé » et les adultes étaient ses « mentors », et s'il ne respectait pas ses ordres, il était corrigé physiquement, puisque pendant longtemps les lois n'interdisaient pas aux parents d'utiliser la violence à l'égard de leurs enfants.

Puis, le père a perdu une part de son autorité avec le mouvement de mai 1968, condamnant toutes les manifestations de pouvoir ; la loi de juin 1970, supprimant la puissance paternelle au bénéfice d'une « autorité parentale » à partager avec la mère, déposséda le père de son pouvoir exclusif. Les premières lois concernant la maltraitance sur enfants apparurent, puis une voix s'éleva en faveur de la « cause des enfants » : celle de Françoise Dolto dans les années 1976-1978.

C'est ainsi que, deux générations plus tard, le statut de l'enfant a complètement changé. Il n'est plus le serviteur, le soumis qu'il a été, mais un sujet actif au sein de la cellule familiale, une personne à part entière qui peut donner son point de vue.

Un enfant que l'on écoute, parfois trop

De l'enfant obéissant, qui suit les directives des adultes, on est passé à l'enfant-roi, peu à l'aise avec les frustrations, puis à l'enfant-tyran qui se rebelle de plus en plus, grâce à son autonomie.

Aujourd'hui, les parents sont souvent au service de leur enfant et tentent autant que possible de limiter les contraintes, les ordres, les frustrations. L'enfant est servi dans l'instant, choyé, écouté et la jouissance est le plat favori que lui servent ses parents.

Quand l'enfant devient écolier

L'arrivée dans la vie collective peut alors se révéler difficile, car elle va confronter l'enfant au partage, à l'attente, aux contraintes, ingrédients qu'il n'a souvent pas eu l'occasion de découvrir auprès de ses parents.

Chapitre 3

Il n’y a pas d’éducation sans autorité, limites et règles

L'autorité est devenue l'une des préoccupations essentielles des adultes face à des comportements qui les surprennent, les inquiètent parfois et les désorientent.

La plupart des parents se posent la question : « Est-ce que je fais bien les choses, est-ce que je donne une bonne éducation à mon enfant ? » L'éducation s'inscrit dans un processus d'identification où chaque adulte devient parent en s'identifiant à son propre vécu d'enfant et en fonction du regard qu'il porte sur ses parents.

Pour commencer, portons un regard sur les différentes époques face à l'autorité. Dans l'Antiquité, toute la famille était soumise à l'autorité absolue du père qui jusqu'au Ve siècle, avait le droit de vendre et de tuer ses enfants. Sous l'Ancien Régime, il pouvait faire emprisonner un de ses enfants mineurs qui ne se soumettait pas à toutes ses volontés. Les révolutionnaires avaient remis en cause la *patria potestas*, mais le Code Napoléon a gommé l'inégalité des enfants en fonction de leur filiation. Cependant, progrès notable, dès lors, la puissance paternelle était comprise dans l'intérêt de l'enfant. En 1970, la loi du 4 juin abolit la notion de puissance paternelle : « L'autorité parentale appartient aux père et mère pour protéger l'enfant dans sa sécurité, sa santé et sa moralité. Ils ont à son égard droit et devoir de garde, de surveillance et d'éducation » (Art. 371-2 du Code civil). Cette loi a remplacé la « puissance paternelle » qui jusqu'alors existait et conférait au père l'autorité absolue sur ses enfants. L'autorité paternelle continue d'exister dans de nombreux pays.

Autorité et autoritarisme

L'autorité est souvent confondue avec l'autoritarisme, lequel, avec son cortège de malentendus, de partialité, de sévérité inutile, d'humiliations, de manque de maîtrise et d'excès en tous genres, en est son exact antonyme et son pire ennemi. Voilà pourquoi deux positions diamétralement opposées occupent le devant de la scène depuis une vingtaine d'années. D'un côté, l'autorité est associée à un joug dur et réducteur, à l'aliénation de l'individu, aux stéréotypes et à l'injustice sociale, et toute avance éducative consiste alors essentiellement à s'en libérer, à s'en éloigner le plus possible. D'un autre côté, l'autorité est rédemptrice, libératrice et créatrice : elle seule permet d'éduquer valablement. L'alternative entre l'abandon et le dressage en somme. C'est pourquoi, même si le sens commun et le dictionnaire réduisent l'autorité au pouvoir d'agir sur autrui, au droit de commander et à la faculté de se faire obéir, un détour par l'étymologie s'impose pour en revisiter le sens profond.

Le mot autorité vient du latin *auctor*, auteur, et du verbe *augere* qui signifie accroître, augmenter, faire grandir. Elle est donc par nature un acte créateur, cousinant étrangement dans sa genèse avec la poésie. Celui qui a autorité doit ainsi participer à la croissance de l'autre, augmenter ses connaissances, lui garantir la sécurité, se sentir responsable de lui. Et c'est précisément ce qui est attendu de la part du parent : grandir, élever, valoriser son enfant, pour en faire à son tour, un adulte épanoui et lui apporter d'une certaine façon de la puissance.

L'autorité augmentative

L'autorité permet d'augmenter le potentiel, la vision, le champ d'action de celui à qui elle s'adresse, puisque l'autorité commence d'abord par des autorisations. En effet, quand par exemple une mère demande à son enfant d'éteindre le poste de télévision, c'est qu'au préalable l'enfant a été autorisé à l'allumer.

La distinction latine entre *potestas* et *auctoritas* permet d'en apprécier une nuance essentielle. La *potestas* est le pouvoir légal fondé sur la fonction ou le grade, la puissance du supérieur hiérarchique, du professeur ou du médecin investi d'un droit reconnu par la communauté à agir sur autrui. L'*auctoritas*, quant à elle, émane directement de la personne, de l'*auctor*, elle n'est donc pas liée à un statut, mais au charisme de celui qui l'exerce et au crédit qu'on lui accorde. *Auctor*, d'où dérive autorité, aurait signifié en latin « possédant le pouvoir d'imposer l'obéissance » : l'autorité suppose donc une forme de reconnaissance, d'adhésion, passant par un certain acquiescement de celui qui la subit, ce dernier reconnaissant à son détenteur le droit de l'exercer. Le pouvoir s'impose et s'oppose, la véritable autorité, comme le respect, qui lui est intimement lié, se gagne. Permettant d'obtenir le consentement sans avoir besoin de recourir à la force, l'autorité est une forme particulière du pouvoir, qui ne nécessite aucun recours à la coercition, puisqu'elle est supposée produire l'obéissance par sa seule légitimité, sans nécessiter d'explications ou de justifications : « L'autorité exclut l'usage de moyens extérieurs de coercition ; là où la force est employée, l'autorité proprement dite a échoué[5]. »

En ce sens, mais en ce sens seulement, l'autorité peut être considérée comme le fil rouge de l'éducation. Avoir autorité, au sens étymologique, signifie ainsi avoir le droit de commander, mais aussi d'aider, de participer au développement, à la croissance, à la construction de quelqu'un. Avoir de l'autorité, c'est donc

5. Hannah Arendt, « Qu'est-ce que l'autorité ? », in *La Crise de la culture*, Paris, Gallimard, 1989, p. 58.

avoir la responsabilité de quelqu'un et l'aimer suffisamment pour avoir l'ambition d'augmenter chez lui ses possibilités. L'autorité doit toujours être augmentative, elle doit aider à élever et jamais contrôler ou étouffer. Nul besoin de puissance, de force ou de menace pour être efficace : l'autorité s'exerce précisément là où la force n'est ni requise ni exigée. Lyautey disait que l'autorité permettait justement de faire l'économie de la force, car elle tire sa puissance d'ailleurs.

L'autorité n'apparaît donc pas un beau matin par hasard, mais elle se construit dès l'arrivée de l'enfant de façon progressive et graduelle, certes selon des modalités différentes liées au niveau de développement de l'enfant et de l'histoire des parents. C'est pourquoi il est important que les parents restent encadrants, sécurisants et surtout **présents** auprès de leur progéniture, pour qu'elle sente qu'elle peut grandir en leur présence. L'autorité ne s'achète nulle part, elle s'installe et se construit progressivement dès la rencontre entre les parents et leurs enfants, qui vont naturellement leur attribuer la possibilité d'agir sur eux, pour eux, en fonction d'eux.

L'autorité est ainsi un pouvoir très atypique, qui permet d'obtenir – sans recours à la violence ou à la menace – certaines conduites et attitudes de la part de ceux qui y sont soumis, à savoir ici les enfants. L'autorité repose sur un rapport réciproque de respect, où chaque protagoniste a besoin de l'autre pour exister : celui qui l'exerce espère augmenter, améliorer la valeur de celui qui y est soumis. Cette bienveillance est tout à fait nécessaire pour que l'autorité puisse s'exercer, et d'ailleurs si cet ingrédient majeur et positif n'était pas présent, le pas vers la tyrannie serait vite franchi. Celui à qui l'autorité s'adresse n'a ni peur ni inquiétude et n'est pas sous la contrainte : il accorde volontiers l'autorité à son auteur, car il sait qu'il en a besoin pour grandir et qu'elle seule lui apportera une évolution, un mieux-être.

Quand un parent endosse une position d'autorité, il doit donc croire au possible essor de son enfant et vouloir orienter sa vie, selon ce qu'il pense être favorable pour lui. On ne peut pas avoir de l'autorité et être sans ambition pour celui à qui l'autorité s'adresse ; bien au contraire, c'est parce qu'on croit en lui, parce qu'on veut le voir grandir, devenir meilleur, plus puissant et capable, que l'on va exercer cette autorité sur lui, comme si elle constituait l'engrais nécessaire à son développement et à son épanouissement.

Dans le même temps, l'autorité ne peut s'exercer que dans le cadre d'une relation asymétrique, précisément celle que doit tenir le parent face à son enfant. Le « professeur-copain » ou le « parent-copain » sont des positions illusoires. En effet, dans ces positions, pourtant chères à la pédagogie libertaire, où toute distance est abolie, l'autorité ne peut se créer son chemin. Pour qu'elle émerge, une différence nette et radicale doit exister et être réciproquement reconnue entre celui qui l'exerce et celui qui accepte de s'y soumettre.

C'est en principe à la fin de la période œdipienne que l'enfant aura acquis les bases qui régissent l'autorité : le parent qui fait preuve d'autorité n'est pas seulement là pour interdire, mais aussi pour guider, diriger, protéger et conduire l'enfant dans sa construction. Plus tard, vers la fin de l'adolescence, viendra le moment où le jeune pourra se donner lui-même les autorisations qui continueront de le faire grandir, de trouver lui-même les bonnes directions à emprunter.

Une autorité partagée

Si autrefois, l'autorité parentale était portée par toute la société, aujourd'hui elle semble presque partagée : tous s'expriment, revendiquent, s'opposent. Pourtant, il y a un aspect naturel dans l'autorité, c'est l'autorité du chef charismatique (dont parle Max Weber) ; par rapport à de jeunes enfants, la différence d'âge, de taille, de force physique aide à fonder l'autorité de celui qui était là avant. La fonction occupée peut aussi y contribuer : être parent, professeur, juge, etc., confère une autorité légale pourrait-on dire, même si cette autorité est actuellement de plus en plus fragile et donc de moins en moins reconnue. Si, jusque dans les années 1950, les enfants obéissaient parce que l'autorité de la fonction était portée par la société, aujourd'hui ce n'est plus le cas et c'est justement ce qui peut rendre l'autorité difficile à exercer.

Ce qui fonde l'autorité, c'est d'abord d'être convaincu que l'on peut l'exercer. Croire en soi, croire que les valeurs qui sont les siennes sont suffisamment consistantes et importantes pour vouloir les transmettre. Si aujourd'hui, l'autoritarisme n'est plus réellement d'usage, une dérive pointe son nez, à savoir le chantage affectif. Les parents n'osent plus gérer les conflits avec leurs enfants, ne parviennent plus à tenir leurs positions et dérivent parfois vers la manipulation des sentiments. Cet « autoritarisme déguisé » est à proscrire, car mieux vaut un conflit net et ouvert duquel pourront jaillir de nouvelles perspectives, que de s'enliser dans de telles impasses.

Il est important, dès le début de cet ouvrage, de s'attarder sur les notions d'autorité, de limites, de règles. En les resituant dans le bon contexte, il sera alors possible de constater combien elles sont indispensables pour éduquer les enfants, puisqu'elles sont des ingrédients de base pour les faire grandir sereinement et calmement.

L'autorité n'est simple pour personne

L'autorité n'est naturelle pour personne, quoi que l'on puisse en penser, c'est-à-dire que, si on veut en avoir, il faut se la construire, ce qui peut être rassurant pour ceux qui pensaient qu'ils en étaient dépourvus pour toujours. Bien sûr, certaines personnes vont se montrer d'emblée plus à l'aise avec l'autorité, probablement parce qu'elles l'ont côtoyée pendant leur enfance et qu'elles retrouvent en elles les traces de son contour. Très souvent, d'ailleurs, les personnes qui font preuve d'autorité sont aussi celles qui ont une bonne affirmation de soi ; elles croient déjà en elles, ce qui est le prérequis indispensable pour que d'autres puissent croire en elles.

Mais, si la personnalité du parent peut interférer en matière d'autorité, ce n'est pas elle qui va la fonder pour autant. Pour qu'un parent puisse déployer de l'autorité vis-à-vis de son enfant, il doit être certain qu'au moment où il énonce telle ou telle demande, cette dernière a de la valeur. Bref, il doit être le premier à y adhérer, de sorte qu'il puisse exprimer son autorité avec suffisamment de conviction et de légitimité. En même temps, ce qui est dit à ce moment-là doit aussi résonner juste, nécessaire, essentiel chez celui à qui le message s'adresse, en l'occurrence l'enfant.

Le parent doit être convaincu que l'éducation d'un enfant ne va pas de soi, que c'est une entreprise de tous les jours qui a comme finalité de le conduire dans la vie, dans la société. En cela, l'autorité est le ciment de l'éducation. Protéger, encourager, enseigner, ordonner, frustrer ne peuvent être des conduites efficaces que si elles sont cimentées par l'autorité, c'est-à-dire énoncées avec la conviction qu'elles sont constructives pour l'enfant. Si, pour certains parents, l'importance de l'éducation va de soi, force est de constater que, pour d'autres, ce n'est pas le cas, peut-être parce qu'ils ont eux-mêmes été victimes d'errances éducatives de la part de leurs propres parents.

On constate donc que, pour avoir de l'autorité, il faut être convaincu que ce qui est énoncé permettra de faire « grandir » celui à qui le message s'adresse. En cela, tout parent peut avoir de l'autorité à partir du moment où il renonce au mythe selon lequel l'amour suffit à faire grandir des enfants. Éduquer ses enfants, c'est donc être convaincu de l'importance de l'éducation et réfléchir aux valeurs que l'on veut transmettre, avec l'idée toujours princeps qu'elle va faire croître l'enfant. L'éducation, comme le dit Claude Halmos, est aussi « vitale que les médicaments »[6], et reprenant cette image, j'ajouterai que tout parent

6. Claude Halmos, *Grandir : les étapes de la construction de l'enfant, le rôle des parents*, *op. cit.*, p. 71.

parviendra toujours à faire prendre un médicament à son enfant, car il sait combien il lui est nécessaire. Si le parent appliquait cette devise à l'éducation tout entière, il n'y aurait plus d'enfant orphelin d'éducation !

L'autorité d'aujourd'hui : une autorité démocratique

Michel Fize, dans *La démocratie familiale* (1990), identifiait deux types d'autorité : l'autorité absolue (celle du patriarche à l'époque antique) et l'autorité modérée, également nommée autorité démocratique, qui serait la forme régissant les rapports entre enfants et adultes aujourd'hui[7]. Cette idée est aussi reprise par François De Singly, qui parle de « démocratisation de la famille »[8] : l'autorité légitimée aujourd'hui serait une autorité juste, tempérée, basée sur la négociation et la prise en compte du point de vue de l'enfant. L'enfant doit adhérer au discours de l'adulte, qui doit se montrer crédible, fiable, cohérent et alors son autorité pourra se déployer.

Alors que l'on constate une évolution vers une égalisation des statuts ou tout au moins vers une disparition des hiérarchies, on constate que persistent malheureusement encore des élans d'autorité inappropriée. Hugo, 8 ans, élève en classe de CE2 (cours élémentaire 2e année), me rapportait récemment les propos et la conduite de sa maîtresse : « La maîtresse avait demandé de recopier la poésie en sautant une ligne entre tous les vers, mais j'ai oublié de le faire et je n'ai sauté une ligne qu'entre chaque paragraphe. J'ai recopié toute la poésie, sans faire d'erreurs et je suis allé lui montrer mon travail. Là, elle m'a dit devant toute la classe : "Oups, eh bien, moi, je n'oublie pas ce que je dis", et elle m'a arraché la page du cahier de poésie, en déchirant celle d'avant, a jeté le cahier par terre en me criant de la recopier le plus vite possible sans oublier de sauter une ligne entre chaque vers. » On remarque bien, à travers les propos de cet enfant, que le pouvoir de cette enseignante est tout à fait arbitraire. Ces situations, dont la violence est disproportionnée par rapport à la faute, existent encore, même si elles sont devenues plus rares.

L'autorité revêt ainsi une forme plus atténuée et on constate actuellement, un peu partout, dans les milieux sociaux et familiaux, une forme d'équilibrage du rapport de force, atténuant la domination subie par l'enfant, sans toutefois que celle-ci soit entièrement annihilée.

7. Michel Fize, *La démocratie familiale : évolution des relations parents-adolescents*, Paris, Presses de la Renaissance, 1990.
8. Voir François De Singly, *Sociologie de la famille contemporaine*, Paris, Armand Colin, 2010.

Comment exercer son autorité ?

Expliquer

L'ingrédient essentiel de l'autorité est l'explication, car une interdiction pure et simple, sans justification, ne fera pas sens auprès de l'enfant et pourra même lui être nuisible. Toutes les décisions cohérentes et saines peuvent être verbalisées, puisqu'il n'y a que l'aléatoire – l'accidentel ou l'imprévu – qui ne s'explique pas. L'autorité ne s'improvise pas, elle se pose jour après jour, à la fois au travers d'explications claires, simples, exposant pourquoi telle ou telle chose est interdite, mais aussi au travers de l'exemple, car il importe de rester un modèle pour ses enfants, en étant les premiers à appliquer les règles émises. Il est également important que les parents soient d'accord entre eux : si l'enfant entend un « oui » d'un côté et un « non » de l'autre, il n'obéira jamais et saura vite jouer de ce désaccord.

Poser des limites

Savoir poser des limites est un autre précepte d'éducation dont tout le monde s'accorde à reconnaître la nécessité. Chacun y est confronté en permanence et la limite sert avant tout à se situer par rapport au monde environnant ; sans limites et avec trop de permissivité, l'enfant ne pourrait se construire sereinement et n'accéderait pas aux notions de bien et de mal, de ce qu'il peut faire ou non. Lui poser des limites, c'est baliser son chemin pour qu'il puisse avancer dans la vie en toute sécurité. Les limites ne sont bien sûr pas là pour étouffer l'enfant et exiger de lui une soumission sans faille.

Les limites aident à grandir

Dès sa naissance, l'enfant a besoin d'un cadre et de limites autant que de liberté et d'autonomie. Limites et frustrations se prolongeront d'ailleurs tout au long de sa vie. Les limites s'imposent à chacun d'entre nous afin de réguler besoins, désirs, réalités, qui sont les composantes inhérentes à la condition humaine.

Dans notre société, désirs et besoins ont tendance à se confondre de plus en plus. Une telle situation n'aide pas les parents dans leur tâche éducative. Les limites sont donc là pour aider l'enfant en toute sécurité à découvrir le monde, ses richesses, mais aussi ses dangers. Les limites seraient comme des panneaux indicateurs d'une voie à prendre et non des sens interdits ou des stops. Elles indiquent à l'enfant comment se comporter, agir, et quels chemins emprunter. C'est pourquoi elles doivent rester stables, fiables et cohérentes, comme le sont les panneaux indicateurs, même si elles vont évoluer avec l'enfant lui-même, car une route interdite quand on a deux ans peut devenir une route à découvrir quand on en a huit.

Les limites structurent

En se confrontant aux limites, tant corporelles, temporelles que spatiales, l'enfant va connaître la frustration et donc renoncer progressivement à son illusion de toute-puissance. Les limites le ramènent à la réalité, à l'environnement existant, avec lequel chacun doit savoir composer.

Les limites corporelles sont souvent celles qui sont les plus accessibles à l'enfant, car sa propre expérience et ses expérimentations lui permettent de remarquer ce que son corps lui impose : il n'arrive pas à colorier sans dépasser, n'arrive pas à nager sans bouée, n'arrive pas à se servir seul à boire. Son corps le met face à ses limites et l'oblige à solliciter l'aide de l'adulte. Puis, à force de persévérance, de courage et bien sûr grâce aux encouragements bienveillants des adultes, les progrès lui permettront de déplacer ses limites corporelles, de les pousser plus loin, jusqu'aux conquêtes suivantes. Certaines limites, même corporelles, ne pourront jamais être dépassées ; il ne pourra jamais nager comme un dauphin, courir comme un lièvre, être aussi grand que l'immeuble où il habite. Les limites renvoient toujours aux réalités.

Les limites mises à mal par l'illusion du tout, tout de suite

Notre société prône la consommation comme gage de bonheur absolu : c'est oublier que, pour se construire, l'homme doit consentir à renoncer à un certain nombre de choses. Il devient toutefois de plus en plus ardu de renoncer, car, aujourd'hui, tant de choses sont à disposition en permanence. Le rôle des adultes reste cependant de montrer l'exemple en respectant les limites qui leur sont imposées en propre et en se montrant critiques face aux discours consuméristes, qui laisseraient croire qu'on pourrait être satisfait pleinement et toujours.

Amour et autorité vont de pair !

Contrairement à ce que l'on croit habituellement, autorité peut rimer – et devrait d'ailleurs rimer – avec amour. L'un découle de l'autre. C'est parce que le parent aime son enfant et souhaite pour lui le meilleur qu'il va lui fixer des règles et des limites qui lui garantiront sécurité et bien-être. Mettre des barrières sur le chemin de son enfant, c'est prendre des mesures de sécurité qui sont des signes d'amour. L'autorité est ainsi l'outil par lequel un sujet structure et contient ses règles de conduite et ses lois intérieures, afin de pouvoir s'ouvrir aux autres.

Le philosophe Emmanuel Kant, dans son *Traité de pédagogie*[9], rappelle que l'homme ne peut se structurer et se civiliser que s'il est déjà soumis à des règles et à des codes sociaux. Ces derniers doivent être imposés par l'adulte à l'enfant, qui doit s'y soumettre, et ce avant même qu'il n'en saisisse le sens et la portée. Sans ces règles, aucune culture, aucune éducation ne seraient accessibles et l'homme resterait à l'état d'« animal ». Mais ces codes ne doivent pas être arbitraires et c'est pourquoi il est nécessaire que la Loi soit au-dessus des hommes. Pour qu'elle fasse sens aux yeux de l'enfant, pour qu'elle ne l'asservisse pas, mais l'aide au contraire à s'émanciper, la règle doit être universelle. Cette universalité la légitime d'une certaine façon, impliquant l'adulte et le parent qui doivent aussi se l'appliquer à eux-mêmes et ne pas en dépasser les contours. Une règle doit valoir pour tous, même si certaines règles, notamment celles de sécurité, évoluent bien sûr avec l'âge de l'enfant.

Parfois, pourtant, les parents ne parviennent pas à trouver leur place face à leur enfant.

“

C'est l'histoire de Fabio et Sophie, parents de Mina, âgée de 4 ans au moment de notre première rencontre. Mina est née par fécondation in vitro, au moment où le couple n'espérait presque plus devenir parents. Quand cette enfant naît, d'emblée toute la famille se mobilise autour d'elle, chacun donnant « ses bons conseils », laissant parfois les jeunes parents plus encore dans le désarroi. Mina ne dormait pas beaucoup, prenait beaucoup de temps à téter et passait ses journées dans les bras de sa maman. Lorsque ses parents tentaient de la coucher, elle pleurait tellement qu'elle aurait pu s'étouffer. Dès sa première année, Mina prend donc beaucoup de place, surtout sur le plan sonore et monopolise sans cesse les discussions familiales. Ses parents consulteront huit professionnels différents avant le premier anniversaire de leur enfant, s'usant à trouver comment la calmer et l'apaiser. Aucun d'entre eux ne leur parlera de règles, de rythmes, et pour cause, elle n'avait pas encore un an !

Des tests d'intolérances, d'allergies alimentaires et de pathologies diverses sont menés. Sans résultats probants... La vie continue et voilà que Mina fait ses premiers pas à l'école maternelle. Très vite, les enseignantes convoquent les parents et trans-

9. Emmanuel Kant, *Traité de pédagogie*, trad. Jules Barni, Paris, Hachette, 2013.

mettent leurs inquiétudes : Mina est toujours décalée, refuse de s'inscrire dans une activité de groupe et cherche en permanence à imposer ses désirs. Quand elle rencontre le « non », la frustration est telle qu'elle crie, tape et se frappe elle-même, se montrant alors inconsolable. Elle ne parle pas, mais hurle, aboie littéralement et ses cris retentissent dans toute l'école. La fillette ne s'assoit pas non plus facilement, mais se montre toujours sur le qui-vive, prête à foncer, renverser, courir, l'important étant qu'elle soit toujours la première. Cet état d'alerte permanent la rend bien sûr très fatigable et donc irritable.

Face à ces constats, les parents décident de ne la scolariser qu'un matin sur deux en première année de maternelle, et jamais l'après-midi afin de soulager les équipes pédagogiques. Parallèlement, ils s'adressent à un psychothérapeute qui leur propose de prendre Mina en suivi individuel. Après plus de six mois d'accompagnement, la situation de la fillette n'évolue guère et, d'après ses parents, s'aggrave. Le thérapeute n'avait rencontré que la fillette, sans prendre contact avec les équipes pédagogiques et sans jamais exprimer le souhait de voir les parents de l'enfant. À l'issue des six mois de prise en charge, il leur annonce : « Avec le temps, elle gagnera en maturité et tout ira mieux, pour l'instant, la prise en charge est arrêtée. »

Ne comprenant guère la version du pédopsychiatre et bien que notant les difficultés croissantes de leur enfant, les jeunes parents sont presque soulagés que le thérapeute propose de mettre fin à la thérapie. C'est ainsi que quelques mois plus tard, ils arrivent à mon bureau, incontestablement marqués par les rencontres précédentes et totalement sur la défensive. Ils sont quelque peu surpris du projet proposé, à savoir quelques rendez-vous de guidage parental sans Mina, une prise de contact régulière avec les partenaires scolaires, puis une pause d'un trimestre suivie d'un rendez-vous bilan pour évaluer l'état de la situation.

Malgré leur étonnement initial, les parents s'engagent avec beaucoup d'espoir dans ce travail et sont étonnés de constater, dès les premières séances, combien ils se sont mis en faillite éducative. Mina, qui avait alors 4 ans, n'avait pas encore été encadrée par des « règles parentales », terme qui sonnait comme une aberration dans leur cœur de parents. Les règles, c'était pour plus tard, quand elle « serait grande », ne cessaient-ils de dire et ils le pensaient réellement. Pour l'heure, ces jeunes parents n'avaient fonctionné qu'à l'affectif, faisant ou ne faisant pas, en fonction de leurs dispositions personnelles, de leurs humeurs, de leurs envies ou, devrait-on dire, en fonction de Mina. Ainsi, tantôt la fillette déjeunait à la table de la cuisine, tantôt à celle du salon, tantôt elle faisait une sieste, tantôt non, restant levée jusqu'à 22 heures ou étant parfois couchée à 20 heures. Rien n'avait été établi, aucune règle, aucun rythme, aucun projet n'avait été retenu pour faire grandir cette enfant. Comment alors pouvait-elle trouver de la sécurité et de la sérénité ? Comment grandir dans un tel chaos ?

Après avoir construit ensemble un plan de route, une règle de vie visant à organiser les grandes lignes éducatives de leur enfant, les parents de Mina furent surpris de constater la difficulté de la tâche... une tâche qu'ils avaient en quelque sorte confiée à leur enfant dès le début de sa vie en la laissant en toute occasion choisir de faire comme elle souhaitait.

Lorsque, par exemple, je leur demandais : « D'après vous, un enfant de 4 ans devrait se coucher à quelle heure ? », ils n'arrivaient pas à répondre ni l'un ni l'autre. Tous deux disaient d'une seule voix : « Cela dépend d'elle. »

C'est précisément de ce flou qu'il a fallu qu'ils sortent, c'est justement à cette imprécision qu'ils ont dû renoncer en s'autorisant à avoir un projet pour leur enfant. Une règle, c'est justement une ligne de conduite qui va se répéter jour après jour, pour donner une orientation à un enfant, un rythme et une structure ; et c'est parce que les parents n'y dérogeront point qu'elle va garder toute sa valeur et son sens. *Non, Mina ne sait pas à quelle heure elle doit se coucher. Non, Mina ne sait pas ce qu'elle doit manger ou comment elle doit se comporter au parc*. C'est pourquoi elle a des parents, qui eux, doivent se poser ces questions et y trouver une et une seule réponse, toujours la même de préférence.

Les parents de Mina se sont donc attelés à cette tâche pendant quelques séances, à savoir devenir ambitieux pour leur fille en retenant certaines lignes de conduite au détriment d'autres, en élaborant un fil conducteur pour permettre à Mina de grandir selon un code cohérent, répétitif et qui fasse sens et harmonie pour ses deux parents.

Dispenser Mina de se conduire seule dans la vie et vouloir le faire à sa place, tel fut le contenu des premières séances de prise de charge, où bien sûr l'enfant n'avait pas à assister. Ses parents ont ainsi rédigé un « mode d'emploi » articulé autour des grandes thématiques éducatives : alimentation, sommeil, hygiène, sécurité, santé, vie sociale, sanctions, etc. Ils se posaient chaque fois les questions de fond : quoi, comment, où, combien, etc. Ils ont été étonnés de cerner la complexité d'un tel travail et se sont sentis pour la première fois réellement responsables de l'éducation de leur enfant, là où jusqu'à présent leurs parents, les enseignants ou autres professionnels voulaient leur dicter la conduite à suivre.

Être parent, c'est précisément devenir responsable de l'accompagnement de son enfant dans la vie, sans déléguer à qui que ce soit cette fonction, et surtout pas à l'enfant lui-même. Prendre un avis ou consulter un spécialiste est bien sûr souvent utile et à recommander, mais prendre un avis ne dispense pas le parent, de s'en façonner un lui-même.

Après quelques séances, une pause thérapeutique d'un trimestre fut proposée, au cours de laquelle les parents furent invités à mettre en application leurs règles éducatives et à en noter les dysfonctionnements. Lorsqu'on fit le point quelques mois plus tard, ce fut l'occasion de féliciter ces jeunes parents pour leur capacité à être devenus des parents « pas trop mauvais ». Mina s'était largement assagie en classe, mais elle pleurait encore quand elle n'obtenait pas ce qu'elle souhaitait. Par contre, elle ne manifestait plus d'agressivité à l'égard de ses pairs ni d'elle-même, et pouvait trouver du plaisir à jouer en groupe. Ses parents passaient leurs premières nuits à ne plus être réveillés par les terreurs nocturnes de Mina et ses appels insistants, et tous les repas de la fillette se prenaient enfin à la table de la cuisine, où elle découvrait le plaisir de manger et de goûter de nouveaux aliments.

Mina bénéficia de quelques entretiens individuels au cours desquels, grâce aux poupées et à la pâte à modeler, des mises en scène lui permirent de consolider le travail initié par ses parents. Elle apprit certes la frustration, mais aussi le plaisir de se laisser diriger et guider, répit qui lui permit d'apprécier ses pairs et sa vie d'enfant.

Quelques mois plus tard, ses parents m'informèrent de l'arrivée d'un deuxième enfant dans la famille et les nouvelles de Mina étaient tout à fait satisfaisantes. Chacun avait retrouvé sa place, même si, au détour de la conversation, je compris que cette grossesse, de six semaines à peine, avait déjà été annoncée à Mina ! Ah, pas si simple d'être parent...

Guide pour bien éduquer son enfant

Dans la vie, on ne peut pas tout faire. Des règles sont à respecter. Tout le travail des parents sera d'apprendre à leur enfant à respecter les consignes et à obéir à leur autorité.

Éduquer son enfant, c'est asseoir son autorité

Il s'agit d'apprendre à l'enfant à respecter les règles de la vie en société tout en lui permettant de s'épanouir. C'est pourquoi il est important de faire appel à la compréhension de l'enfant, sans vouloir lui imposer des règles qui n'auraient aucun sens pour lui. Obéir s'apprend et ne s'oblige pas.

« On ne civilise pas un enfant, on lui donne des cadres pour l'aider à se civiliser lui-même », précise Claude Halmos. Apprendre les lois du monde ne se fait pas seulement avec la tête, mais aussi avec le corps, le cœur, les émotions.

De même que le béton est constitué de ciment, l'enfant se construit avec la loi qu'il doit apprendre à intégrer, à faire sienne.

Poser son autorité n'est agréable pour aucun parent, mais nécessaire. Refuser à son enfant ce qu'il désire, lui imposer des interdits, c'est toujours le faire souffrir, mais l'enfant à qui on met des limites va arrêter de vivre dans l'illusion qu'il peut toujours avoir davantage, et va donc cesser de se sentir malheureux et mal aimé. C'est ainsi qu'il apprendra que l'on peut aussi l'aimer, même si on ne lui permet pas tout, même si on ne lui achète pas tout.

Éduquer son enfant, c'est lui apprendre que tout n'est pas possible :
- on ne dort pas avec ses parents, on ne peut pas être le mari/la femme de son père/sa mère,
- on ne frappe personne,
- on ne dispose pas des affaires des autres,
- on respecte les codes et les interdits en toutes circonstances,
- on sert d'exemple pour son enfant, donc on se comporte comme un modèle pour lui, toujours et partout.

Être parents, c'est savoir se positionner

« Je n'en peux plus », « Je ne sais plus comment faire avec mon fils, ma fille », « Rien ne marche, ni la punition, ni la récompense », « Je passe ma journée à crier avec lui », etc. Ces aveux d'impuissance s'entendent tous les jours dans nos cabinets, alors que ces pères et mères semblent être dotés de bonne volonté et de bon sens. Il n'est visiblement pas aisé d'être parent par les temps qui courent. En trente ans, la plupart des repères familiaux ont volé en éclats et aujourd'hui, c'est avec des parents « perdus », « déboussolés », « dépassés » que l'on tente de trouver une ligne de conduite parentale, qui puisse servir de repère, là où les précédentes générations s'appuyaient sur des rituels, des principes, et aussi sur les anciens qui, grâce à leur âge et à leur expérience, savaient.

Non, les parents ne démissionnent pas, comme on aimerait nous le faire croire, mais ils manquent cruellement d'outils, de méthodes, de repères et de soutien. Et pourtant, la plupart d'entre eux sont porteurs de ressources ; à nous de les aider à les réveiller, à les mobiliser ! Leurs enfants ne ressemblent plus beaucoup aux enfants qu'ils ont été eux-mêmes et leur vie n'est plus en miroir avec celle de leurs parents. Tout est à réinventer et toute l'information donnée au grand public ces dernières années autour de la psychologie et de la pédagogie des enfants leur donne le sentiment de n'avoir pas le droit à l'erreur. Les recettes de grand-mère ont été remplacées par les informations plus ou moins sérieuses glanées sur la toile : l'Œdipe, la castration, la crise d'adolescence, etc., sont des notions désormais acquises par tous.

Oui, mais dans la vie quotidienne, que faire d'un Œdipe ou d'une crise d'adolescence ? Souvent rien de très constructif, car ce dont a besoin le parent, c'est bien sûr de comprendre ce qui se passe, et plus encore d'avoir à sa disposition des « outils » pour aider son enfant à grandir en toute sérénité. Pour faire face à cette situation, les parents improvisent des formules individuelles plus ou moins adaptées, souvent dans l'angoisse et la culpabilité, car ils pensent que l'avenir de leurs enfants se joue en termes de succès ou d'échec et que cet avenir est entre leurs mains, sans avoir les moyens d'y remédier. La relation avec leurs enfants en est modifiée, et si les rapports fondés sur l'autorité tendent à céder la place aujourd'hui à des rapports fondés sur le dialogue et la négociation, il est difficile pour les parents, faute de repères aisément identifiables, de fixer des règles, de poser des limites, de trancher entre des valeurs contradictoires. Dans la famille contemporaine, devenue surtout « relationnelle », une confusion des rôles s'est instaurée et beaucoup de parents ont du mal à se positionner.

Devenir parents

Quand l'enfant paraît, le parent se trouve promu à une fonction pour laquelle il n'a eu ni formation ni stages. On ne naît donc pas parent, mais on le devient avec l'arrivée de l'enfant que l'on fait sien, par la naissance ou par l'adoption. Ce sont les enfants qui convoquent les parents en tant que tels et non l'inverse. Devenir parent est un processus lent, progressif, évolutif, jalonné de questionnements profonds, mais aussi de crises. L'enfant restera l'enfant de ses parents sa vie entière, ce qui renvoie d'emblée à une responsabilité incommensurable. Nul n'a un diplôme de parent et chacun se débrouille ainsi avec « ce métier de toute une vie », en se référant d'une part, de façon consciente, mais plus encore inconsciente, au modèle transmis par ses propres parents, et d'autre part à ses connaissances, glanées à travers les lectures, les échanges et rencontres qu'il a pu avoir jusque-là.

Cette parentalité s'exercera ainsi en fonction de l'expérience intériorisée à travers son propre vécu. L'enfant que l'on a été soi-même est toujours questionné et revisité sous toutes ses coutures et sera une trame importante, un référentiel de choix, pour aider l'enfant à qui on a donné la vie à trouver un sens à la sienne. Ainsi, si les deux parents sont issus d'une éducation assez proche, leur façon de devenir parents à leur tour sera facilitée par des lignes de conduite communes. Inversement, quand tout oppose les deux parents quant à leur passé éducatif, la tâche sera plus ardue pour eux et il ne leur sera pas facile de distinguer à partir de cette altérité des « recettes » qui fassent cohésion. Il va de soi qu'il est important de faire équipe face à l'enfant, de lui montrer de la cohérence et des idées communes, pour l'aider à intégrer plus facilement, mais aussi plus paisiblement, les grandes lignes éducatives et directrices.

Parfois aussi, en devenant parents, quand on n'a pas eu l'occasion de « consoler » ou de « guérir » l'enfant que l'on a été soi-même, on peut avoir tendance à proposer un modèle éducatif très opposé à celui que l'on a reçu ; par exemple, les parents intolérants et frustrants qui nous ont fait grandir nous transforment avec l'arrivée de nos enfants en parents permissifs et sans idées éducatives. Bien sûr, aucune extrémité éducative n'a jamais été bonne, et les souffrances que l'on a vécues soi-même et que l'on ne souhaite pas reproduire risquent d'en créer d'autres, tout aussi néfastes, chez nos enfants qui grandiraient sans barrières ni repères.

Pour devenir des parents « pas trop imparfaits », de la mesure et de la tempérance sont donc nécessaires. Force est aujourd'hui de constater que, dans notre contexte « occidental », la régression du christianisme, selon lequel Dieu était une référence extérieure à soi, favoriserait de plus en plus l'émergence d'une religion « de remplacement », où le nouveau Dieu serait soi, son enfant, sa passion, son animal. Dans ce contexte, certains parents font de leur enfant un Dieu sur terre, en le survalorisant, en lui accordant une place et un statut tout à fait démesurés. Cet enfant, roi ou Dieu, est un enfant « manipulé » par ses propres parents, qui lui donnent l'illusion de la toute-puissance et de la possibilité d'échapper à la frustration. Comment alors envisager devenir un adulte équilibré et serein, un citoyen qui pourrait prendre sa place dans la société ? Cet enfant, s'il reste bloqué dans cette survalorisation, deviendra tyrannique, mais aussi s'exclura lui-même de la société, car ici-bas il n'y a guère de place pour le tout-puissant.

Être parent nécessite ainsi tout d'abord de jongler en permanence avec deux casquettes : celle de papa et de maman et celle de père et de mère. L'enfant a en effet besoin, pour accéder à son plein développement, que soient présentes dans son accompagnement ces quatre fonctions relationnelles : « maman, mère, papa, père ». Il s'agit de positions parentales qui peuvent être exercées par les géniteurs ou par des substituts.

– Les positions *maman et papa* sont liées à des attitudes et conduites de type gratifiant, oblatif ou comblant pour les parents.

– Les positions *mère et père* sont plutôt associées à des attitudes contraignantes, frustrantes.

Mettre la casquette papa/maman

Être papa et maman renvoie aux moments tendres et câlins qu'un parent partage avec son enfant. Le parent doit s'autoriser, surtout dans les premières années de la vie de son enfant, à lui accorder un temps suffisant au niveau des échanges tactiles et physiques ; le porter, le câliner, le masser, bref tous ces échanges de proximité physique, bienveillants et authentiques, vont apporter la sécurité intérieure dont l'enfant aura besoin pour se construire en toute confiance.

Le premier mode relationnel entre un parent et son enfant passe d'ailleurs par ce corps à corps, fondamental à l'épanouissement de l'enfant. Les mamans qui font le choix d'allaiter leur bébé favorisent ainsi ce contact de proximité, mais les mamans qui optent pour le portage ventral ou dorsal aussi et tous les parents qui se donnent le temps de prendre leur enfant près d'eux, sur eux, dans leurs bras, dans leurs odeurs, font ainsi vivre pleinement leur casquette de papa et de maman. Bien sûr, en accordant à son enfant une telle intimité, il sera important de transmettre dans ces moments privilégiés du bon temps, sans nœuds, sans conflits, d'être en tant que parents « dépollués » de tous ces parasites qui peuvent souvent s'accrocher dans nos vies. Cette proximité physique apportera à l'enfant une profonde confiance et ce sentiment d'être aimé et protégé, ce qui lui permettra plus tard d'aimer et de câliner à son tour.

Être regardé est tout aussi important dans ces premiers moments de la vie, car c'est à travers le regard que l'enfant se sentira beau, aimable ; regarder son enfant, c'est lui signifier qu'il représente quelqu'un d'important et de précieux pour ses parents et c'est aussi sur ce regard authentique, sincère, profond que l'on s'appuiera plus tard, quand il faudra le rappeler à l'ordre. Le champ visuel est une zone très captative, qui permet une vraie connexion avec son interlocuteur.

Le parent aime son enfant comme il est, l'accueille dans toute sa singularité, avec ses ressources et ses points faibles. Le parent aime son enfant, non pas pour être aimé en retour ou pour le garder à lui, mais il l'aime gratuitement, totalement. Ce don de tendresse, d'amour va rendre l'enfant aimable et lui permettre un jour d'aimer à son tour. Le parent va aimer de façon inconditionnelle son enfant, tout en sachant, dès le départ de sa vie, que son enfant va lui échapper, partir et construire un jour sa propre vie. Cependant, il donne sans compter, se relève après chaque déception et continue de croire en lui, avec acharnement et conviction. L'amour parental n'a pas de limites et aucun autre amour ne peut concurrencer avec lui.

Mettre la casquette père/mère

L'autre casquette du parent concerne sa fonction de père et de mère : ici il s'agit de l'attitude de celui qui rappelle la règle et qui, si celle-ci est transgressée, applique la sanction. Aucun parent ne peut se dispenser de ce rôle, même si chacun y aspire.

Il ne faudrait jamais oublier que tout parent doit être le premier gendarme de son enfant ! Le parent aidera ainsi l'enfant à faire la part des choses entre son désir et l'acte de réaliser ce désir. Là où la maman ou le papa peut entendre le désir de l'enfant d'aller jouer dans la piscine sans ses brassards, la mère ou le père lui en rappellera l'interdit et le sommera de les mettre aux bras. Cette position est importante pour que l'enfant intègre la Loi et parvienne un jour à se protéger lui-même des dangers, mais aussi à s'éloigner des interdits. La casquette de père et de mère est donc un incontournable pour aider le petit de l'Homme à s'humaniser en toute sécurité ; elle serait comme le cerveau de l'enfant, ce qui va l'empêcher de laisser ses pulsions diriger sa vie ; c'est la partie raisonnable, responsable, qui incombe à chaque parent.

Chacun à sa place

Être parent nécessite donc de savoir tenir sa place, son rang face à l'enfant et les parents ont à porter cette responsabilité primordiale : conduire leurs enfants vers l'état adulte. Garder l'enfant dans l'illusion de sa toute-puissance initiale serait particulièrement dangereux, car le petit de l'Homme a besoin pour grandir et se construire de renoncer à ce fantasme. Il est important que les choses soient posées selon cette hiérarchie et que l'enfant sente dès ses premières années que sa place est différente de celle de ses parents. Ils sont à la place de la commande, de la direction et lui est en dessous d'eux, derrière eux.

De façon imagée, la famille pourrait être assimilée à un train : les parents sont la locomotive, ils sont devant, dirigent, tirent leurs wagons, c'est-à-dire leurs enfants. Les enfants sont ainsi conduits dans la vie grâce à leurs parents, chaque enfant ayant à son tour son rang : premier wagon, premier enfant, deuxième wagon, deuxième enfant, etc. Il y a donc bien une place pour tout le monde, mais tout le monde n'a cependant pas la même.

On constate presque toujours que, lorsqu'il y a un dysfonctionnement dans la famille, c'est que quelqu'un ou plusieurs ne sont plus à leur place. L'exemple le plus criant serait probablement celui de conduites incestueuses, où par exemple le père placerait sa fille en position d'objet sexuel. Quand l'enfant est ainsi « déplacé » de son wagon et placé contre sa volonté comme l'un des partenaires de la locomotive, on peut imaginer les dégâts occasionnés. Quand celui qui protège et sécurise devient pervers et tyrannique, la locomotive n'en est plus une, le wagon est en péril et le train déraillera violemment. C'est ce qu'il faut d'ailleurs souhaiter : que le déraillement arrive le plus rapidement possible, pour que le wagon-victime soit retiré de la locomotive folle.

Tirer les wagons

En tant que locomotive, les parents ont à signifier et à maintenir en permanence leur position de dirigeants, afin de garantir la sécurité à leurs wagons et de leur donner la possibilité d'avancer dans la vie. C'est donc aux adultes d'avoir une idée et, plus encore, de l'ambition et des projets pour guider leurs enfants. Bien sûr, l'enfant peut et doit être encouragé à s'exprimer, à dire ce qu'il pense ou aimerait pour lui, mais s'exprimer ne signifie pas décider. Expliquer des règles ne signifie pas non plus laisser l'enfant les négocier, voire les modifier, même si, de temps à autre, quelques aménagements peuvent être possibles : « D'accord pour que tu portes la robe bleue et non la rouge aujourd'hui. » Il s'agit donc là d'une véritable responsabilité qui nécessite une implication de la part de l'adulte.

Être parent est une fonction active, dynamique, qui exige de renoncer à l'indifférence et au laisser-faire. Elle nécessite la plupart du temps d'agir, de réagir, bref de devenir acteur et responsable de ses paroles et de ses actes. Pour assumer une telle responsabilité, il faut être là, sur le terrain, c'est-à-dire autour de l'enfant, dans une proximité suffisante pour pouvoir l'encadrer et le diriger. Cette relation verticale entre un parent et son enfant confère certes du pouvoir au parent, qui est en haut, mais aussi des responsabilités, des devoirs et des droits. Il doit savoir ce qu'il veut pour son enfant, quelle route il souhaite lui faire prendre, quelles ambitions il soutient pour lui. Il a aussi des devoirs de protection, de sécurité, d'éducation et bien sûr d'amour.

Être parents, c'est donc rendre visible à l'enfant la place de chaque chose et de chacun. À toute chose son lieu, à toute personne sa place, et à l'enfant la sienne. C'est en transmettant cette conduite à l'enfant que le parent lui assure sécurité et sérénité, car tout désordre, de quelque ordre qu'il soit, fragilise et ébranle. De plus, s'il y a une place pour chaque chose et pour chacun, on comprend aussi que deux choses pour une place n'iraient pas. Cette concurrence serait responsable de conflit, de désordre. Il en est de même pour la place du parent et celle de l'enfant : si chacun est à sa place, tous peuvent évoluer, s'épanouir et finalement s'apprécier. Inversement, si les deux protagonistes entrent en concurrence pour la même place, un conflit de pouvoir va vite surgir.

“ La situation de Louna peut illustrer ce glissement de places et expliquer, au moins en partie, pourquoi cette enfant de 4 ans est déjà si coléreuse et intolérante à toute frustration. Louna est pour l'instant la seule enfant de ses parents, tous deux déjà âgés de 40 ans ; ils aiment proclamer que leurs carrières respectives ont été jusqu'à présent leurs priorités, tout comme leurs chevaux ont été leur passion commune, et l'arrivée de Louna ne doit en rien modifier leur rythme de vie. C'est à elle de s'habituer à la leur...

Arrivée dans la vie avec presque quatre kilos et demi, Louna était un bébé vif, réactif et qui, pourrait-on le penser, ne voulait pas rester bébé longtemps. Dès sa sortie de maternité, elle passait ses nuits, laissant ainsi beaucoup de temps de repos à ses parents ; elle n'avait ni tétine ni doudou, car ses parents ne voulaient pas, comme leurs amis, passer leur temps à les chercher partout et plus tard à s'embarrasser pour trouver comment les faire disparaître. Bref, pour les parents de Louna, le tempo était donné : aucune fioriture, aucune concession, que la vie continue comme avant…

En journée, il n'était pas question de limiter les sorties ou les activités pour respecter le rythme de l'enfant. Comme si Louna l'avait décodé ainsi, elle ne dormait presque jamais le jour, bien plus intéressée à observer son entourage qu'à réclamer le calme de son lit. D'après ses parents, elle profitait de tous les trajets en voiture pour dormir et aurait refusé les siestes dès ses six mois. Sa maman, qui occupait une profession libérale, avait repris le travail trois semaines après sa naissance, la confiant à une nourrice à domicile, qui avait consigne de sortir au parc tous les jours, de l'amener dès ses six mois aux bébés-nageurs et à toutes sortes d'activités. À la maison, pas de table à la cuisine ni de chaises ; les repas des adultes se prenaient au bar ou devant la télévision et rien ne changea avec l'arrivée de Louna. Pas non plus d'endroits spécifiques pour la changer, un canapé, un fauteuil, un lit pouvant aléatoirement dépanner ; pas d'aménagements particuliers pour son bain, une serviette posée dans le bac à douche faisant l'affaire. Bref, Louna était là, mais sans qu'une place d'enfant ne lui ait été préparée ni réservée ; elle devait jongler avec une place d'adulte en miniature, être là, sans pour autant que de nouveaux cadres et rythmes de vie soient nécessaires.

Si, pendant les deux premières années, ce fonctionnement ne fit pas guère problème, la situation déclina dès que la fillette eut acquis plus d'autonomie : à partir de vingt-six ou vingt-huit mois, Louna avait totalement adopté ce statut d'adulte en miniature, elle voulait choisir ses vêtements, son alimentation, les lieux où faire ses promenades… Quand ses desiderata n'étaient point exaucés, les cris, trépignements, colères prenaient la relève et venaient dire à sa place que c'était elle qui décidait et non les adultes. Louna pouvait ainsi se mettre en danger, escalader la rambarde, ouvrir elle-même l'eau sous la douche, se servir seule des sodas, etc. Avant ses trente-six mois, plusieurs passages aux urgences furent notés.

Cette fillette ayant peu profité de la casquette père/papa, mère/maman était devenue très vite, bien sûr trop vite, adulte dans sa façon de grandir. Ces colères venaient dire les manques qui étaient les siens, à savoir cette absence d'encadrement et de sécurité, de repères et de barrières, bref Louna n'avait pas eu de « recette » pour grandir, car elle devait déjà être adulte avant même d'être enfant. Un travail important de guidage parental, une diminution de l'activité professionnelle de sa maman permirent d'apaiser cette enfant et d'apercevoir davantage de sérénité chez elle, même si aujourd'hui, à 6 ans, elle reste une enfant toujours insatisfaite et revendicatrice.

Se positionner, c'est se laisser imiter

Le bébé auquel ses parents apprennent à se nourrir et à dormir à des heures régulières n'est pas en mesure de comprendre ce que ses parents lui inculquent, d'une certaine façon, malgré lui : des horaires, un certain rythme. Pourtant, si de telles habitudes n'étaient pas prises très tôt, il lui serait ensuite difficile d'acquérir la discipline indispensable pour mener sa vie d'adulte. Sans un certain nombre d'automatismes, de règles intériorisées très jeune, la vie en société reste compliquée.

Le langage en est le meilleur exemple : on ne laisse pas chaque enfant inventer ses propres mots, si ce n'est en petit nombre, sans quoi la communication ne serait pas possible. Le parent lui parle ainsi le plus justement possible, lui servant d'exemple et de modèle, pour que l'enfant, en l'imitant, apprenne à parler à son tour, le mieux possible. En se positionnant ainsi, en tant que sujet parlant, mais aussi en lui parlant avec douceur, amour, complicité, le parent favorisera chez son enfant l'envie de l'imiter, de répéter ce qu'il entend. C'est ainsi qu'il apprendra à son tour la langue parentale. Cette imitation libératrice permettra à l'enfant de reproduire des sons, puis des mots, puis des phrases ; mais, après avoir copié le modèle parental, l'enfant pourra s'ouvrir au champ des possibles, en parlant avec ses propres nuances.

Bien se positionner face à son enfant, c'est donc réussir ce tour de force : être son modèle au départ, un modèle qu'on souhaite qu'il apprenne à copier, puis lui laisser la possibilité de gagner l'autonomie suffisante, afin qu'il puisse personnaliser cet apprentissage, le faire sien d'une certaine façon. L'imitation n'était qu'un point de départ, une introduction au plein sens du terme et c'est bien parce qu'elle ne sera pas servile qu'elle permettra à l'enfant d'entrer dans un nouvel espace, un lieu d'action et de création. L'imitation libératrice prépare ainsi à un monde dans lequel il y a toujours à apprendre, à prendre modèle, mais aussi à inventer, à personnaliser sans cesse.

Savoir se positionner serait donc encourager d'abord son enfant à copier le modèle parental, puis l'inviter à aller plus loin, en lui manifestant notre satisfaction, quand il prend une initiative, quand il s'écarte du modèle pour essayer, sans doute en tâtonnant, sans doute avec des maladresses, de faire quelque chose d'original. Chacun apprend de ses expériences et de ses erreurs et l'enfant ne doit pas s'effrayer des siennes. On comprend donc que le parent doive être devant, se mettre à la place de celui qui montre, qui enseigne ; mais, quand il aura intégré ce modèle, l'enfant devra être encouragé à aller au-delà de celui-ci pour adopter une vision plus large que celle de ses parents, tenant ainsi compte des autres, de ce qu'ils savent, de ce qu'ils pensent, de ce qu'ils ressentent.

C'est cela éduquer un enfant, le guider tout d'abord, puis le laisser aller ailleurs. « Éduquer » combine le verbe *ducere*, conduire, et l'adverbe *ex*, hors de. Éduquer un enfant, c'est donc le conduire quelque part, vers un but qui le dépasse.

La famille, pourrait ressembler à un train

Les parents dirigent, guident et protègent ; les enfants se laissent diriger, guider et protéger.

La locomotive est le moteur, elle est comme le cerveau du train. C'est là que les décisions sont prises, c'est de là que la direction et l'allure sont données. C'est là aussi que sont étudiées les problématiques, les pannes et trouvées les solutions.

C'est le travail des parents de se comporter comme une locomotive pour leurs enfants, afin de les guider, de les conduire à la gare « adulte » aux alentours de vingt ans.

Les wagons sont toujours accrochés à la locomotive et situés derrière elle ; ce sont les enfants qui doivent avoir leurs espaces à eux, différenciés de ceux des adultes, pour ne pas être trop tôt mêlés aux prises de décisions et aux éventuels conflits.

Chaque enfant a sa place, son wagon, et doit accepter de se laisser conduire par ses parents, en toute sécurité et confiance.

Chapitre 5

Être parents, c'est sans cesse répéter et récompenser

« Je te l'ai déjà demandé mille fois », « J'en ai marre de te le répéter », « Combien de fois faudra-t-il encore te le dire », « Maintenant je ne te le redis plus », etc. Ces mots, chaque parent les a déjà prononcés maintes et maintes fois. Quand on questionne les parents à ce sujet, tous confessent répéter entre trois et cinq fois en moyenne une consigne simple à leur enfant de moins de 6 ans, avant de constater une ébauche d'action de sa part. Ils répéteront encore une à deux fois leur demande jusqu'à ce qu'elle soit alors entièrement exécutée ; que de paroles et de répétitions, pourrions-nous penser ! Quel parent s'attendait à répéter tant de fois les mêmes consignes, les mêmes attentes ? Aucun, probablement !

Et pourtant, ce métier de parent va y conduire chacun d'eux : être parents, c'est accepter cette fonction de « perroquet », car pour celui qui apprend, cette répétition est fondamentale et même sécurisante. L'enfant apprécie de s'entendre dire les mêmes choses ; il remarque ainsi que les règles d'hier restent valables aujourd'hui, que ses parents, jour après jour, sans relâche, continuent à lui enseigner les bases de la vie. Cette constance est importante pour celui qui apprend, car elle lui permet d'apprendre avec sécurité et lui évite l'éparpillement. D'ailleurs, l'enfant comprend très tôt qu'il ne peut apprendre que ce qui se répète ; en cela, la seule chose qu'il ne pourra pas apprendre, c'est la mort, car cette dernière échappe à ce fondement. Du latin, *repetere*, répéter signifie atteindre, chercher à atteindre à nouveau ; le parent redit ce qu'il a déjà dit lui-même, jusqu'à ce que l'enfant puisse répéter à son tour.

C'est bien parce qu'on demandera à l'enfant tous les soirs de se brosser les dents qu'il pourra lui-même, à un moment donné, devenir responsable de son hygiène dentaire. Même si l'enfant peut se plaindre de ce qu'il appellerait volontiers « le blabla des parents », ces phrases-consignes restent des mots d'amour entre un parent et son enfant. Il est du rôle des parents de les énoncer et du devoir de l'enfant de les appliquer. Ce faisant, ces règles vont s'automatiser et permettre à l'enfant de progresser en autonomie, ce qui reste l'un des grands objectifs de l'éducation. Si répéter sécurise et aide l'apprenant à apprendre, il n'en demeure pas moins que le parent va devoir apprendre à formuler ses demandes avec davantage de fermeté et de clarté, pour limiter ces redites. Car, l'enfant le comprend bien, pendant que ses parents répètent, lui continue de jouer, de faire du bruit ou même de taper. Donc, tant que le parent répète, il récompense d'une certaine façon son enfant et l'encourage à ne pas exécuter tout de suite la demande.

Le langage minimaliste

Pour bien se faire entendre, il est recommandé, lorsque l'on énonce des consignes destinées à être exécutées dans l'instant, de s'approcher le plus possible de l'enfant, de se mettre à son niveau visuel pour capter son attention, et de lui dire fermement, mais brièvement ce qu'il a à faire : « Mets tes chaussons. » C'est ce que nous appelons le langage « minimaliste », c'est-à-dire parler peu, mais parler efficacement, afin que la demande soit d'emblée assimilée.

Il est important d'être précis, concis et, quand l'enfant est jeune, il convient d'éviter de multiplier les consignes. Un seul message à la fois : « Arrête de déchirer le livre » est plus efficace que de dire « Arrête de déchirer le livre sinon tu vas l'abîmer et va prendre ta douche. » Quand le premier message sera exécuté, félicitez l'enfant pour lui donner envie d'exécuter le suivant. Le ton employé est fondamental et, souvent d'ailleurs, c'est en parlant sans hausser la voix que l'enfant sera le plus réceptif.

En donnant un ordre à son enfant, le premier qui doit être convaincu de ce qu'il demande, c'est bien l'adulte ; c'est donc d'une certaine façon avec un ton très solennel qu'il conviendrait de formuler ses demandes, car si l'enfant ressent que l'on croit à ce qu'on lui demande, il se soumettra plus facilement. L'impératif sera ainsi le temps utilisé, pour verbaliser ce message bref, sans fioritures, ni s'il te plaît. Oui, sans « s'il te plaît », car si l'enfant doit exécuter une consigne, ce n'est pas une option, mais une obligation, donc le message ne doit pas plaire à l'enfant ni lui donner la possibilité de ne pas l'exécuter.

« S'il te plaît »

Le « s'il te plaît » sera, quant à lui, utilisé pour les demandes facultatives, quand, après la première phase éducative, on enseignera à l'enfant le « vivre avec » : « Pourrais-tu me passer la bouteille d'eau, s'il te plaît ? » Si vous déjeunez avec votre enfant et qu'il se trouve à proximité de la bouteille d'eau, vous pouvez lui formuler ainsi votre requête, en sachant que, s'il ne vous la passe pas, vous vous lèverez pour vous servir vous-même.

Le « s'il te plaît », comme sa formule l'indique clairement, doit plaire à celui à qui il s'adresse, ce qui le place dans une position de choix et de supériorité. En cela, dans les premières années de la vie de l'enfant, il n'est pas opportun d'en user et de le mettre dans toutes vos demandes, car, dans ces années-là, l'enfant doit d'abord apprendre à faire confiance aux adultes et donc à leur obéir. Par contre, le « s'il te plaît » devrait bien sûr faire partie de toutes les demandes que l'enfant adresse aux autres ; de par sa place d'enfant, toutes les sollicitations qu'il adresse s'accompagneront de la formule de politesse, mais aussi de précautions verbales et utiliseront souvent le temps du conditionnel : « Est-ce que je pourrais avoir de l'eau, s'il te plaît », « J'aimerais aller jouer dans le jardin. »

En procédant ainsi, l'adulte n'aura plus besoin de hausser la voix, de prendre un ton menaçant ou acerbe ; dans une famille, on se parle tranquillement, correctement, mais en fonction de la place occupée, chacun des protagonistes ne s'appuie pas sur le même mode opératoire. Et donc, dans ce contexte-là, crier est bien sûr tout à fait inopérant et un véritable aveu de faiblesse, et n'est d'ailleurs tout simplement plus nécessaire.

Récompenser verbalement

Inutile de dire « s'il te plaît » à l'enfant à toute occasion, d'ajouter son prénom ou un quelconque mot affectif. Si le parent souhaite que son enfant mette ses chaussons, celui-ci a simplement à les mettre sans délai. Quand c'est possible et quand l'enfant est jeune, ajouter une gestuelle correspondant à l'action peut accélérer la collaboration (pointer du doigt les chaussons signifie en soi qu'il doit les mettre).

Dès lors qu'apparaît un début de coopération, c'est le bon moment pour verbaliser les mots doux, les mots du cœur : « C'est bien, continue comme ça, mon chéri, bravo mon petit cœur, etc. » Récompenser verbalement l'enfant dès la première étape est souvent nécessaire et toujours encourageant, car la plupart du temps il y a dans toute demande une kyrielle de sous-étapes qui, pour le jeune enfant, sont mobilisatrices d'énergie. En procédant ainsi, l'enfant recevra des encouragements plus fréquents qui permettront une bonne coopération. En mettant la récompense au tout début du processus d'exécution, l'enfant sera valorisé, car il considérera avoir déjà son « bon point » alors que son action n'est pas encore achevée, ce qui l'encouragera à la terminer. Quand elle le sera, féliciter à nouveau l'enfant, lui manifester un geste d'affection (bisous, caresses, etc.) l'encouragera à obéir plus facilement lors d'une prochaine demande.

Cette façon de procéder accompagne généralement l'enfant vers une bonne collaboration, car il se sent sécurisé par la présence physique du parent, qui le dirige dans ses actions. Penser que l'on pourrait adresser une demande à distance à son enfant est un leurre ; avant 7 ans, toutes les consignes méritent d'être énoncées en sa présence et sur ce modèle. Il est parfois intéressant d'introduire un aspect ludique, comme le « je compte jusqu'à trois », qui souvent plaît aux enfants et crée une dynamique positive entre les protagonistes.

Il est donc important de retenir qu'une demande parentale ne doit pas être énoncée à distance, d'un étage à l'autre ou d'une pièce à l'autre ; la présence rapprochée du parent est utile pour capter l'attention de l'enfant, mais aussi pour lui signifier que la requête est importante. Ce langage paraverbal est nécessaire (rapprochement vers l'enfant, gestuelle, mimiques) et évite les répétitions, voire les menaces ou les cris.

C'est donc aux parents que revient la responsabilité d'encadrer les pulsions et les émotions de l'enfant, afin qu'elles ne conduisent pas ce dernier à se faire du tort ou à faire du tort à autrui. Il est ainsi impératif d'offrir dès les premiers mois une éducation équilibrée qui puisse combiner à la fois l'écoute, la disponibilité, l'autonomie, mais aussi l'énoncé de règles claires, cohérentes et conséquentes, le tout dans un climat bienveillant et sécurisant. Le but de l'éducation parentale n'est pas de faire de l'enfant un être parfait et performant en tout point, mais plutôt de le rendre autonome, heureux et responsable, tant de ses paroles que de ses actes.

Dans ce contexte et afin de valider ou tout au moins de se rapprocher de cet objectif, il conviendrait que les parents ne soient jamais avares de récompenses et de félicitations. Aucune bonne éducation ne pourrait s'en passer et pas plus que les sanctions, les récompenses ne sauraient être abandonnées à la fantaisie ni à l'arbitraire. Elles devraient être omniprésentes, sous des formes différentes et adaptées à l'action, à l'âge, à la situation.

C'est quoi une récompense ?

Une récompense n'est pas simplement un objet, un bonbon ou une activité que votre enfant aime, mais c'est ce qui va susciter sa motivation à apprendre. Elle le pousse à essayer, l'aide à persévérer.

Il existe différentes sortes de récompenses :

- les récompenses sociales : câlins, sourires, félicitations verbales ;
- les récompenses primaires : bonbons, boissons sucrées ;

- les activités intéressantes : aller au parc, au cinéma, jouer à un jeu de société avec ses parents ;
- les récompenses à thésauriser : points, jetons, étoiles... qui sont épargnés et peuvent être échangés contre des plaisirs à choisir sur une liste établie par ses parents (inviter un ami à passer une nuit, aller au skateparc, passer une journée dans un centre nautique, aller s'acheter un livre, etc.). Le système d'économie de jetons, qui peut se mettre en place à partir de 6 ans, permettra à l'enfant de s'inscrire dans le temps, d'apprendre à patienter, car pour accéder à sa récompense, il lui faudra obtenir autant de jetons, d'étoiles ou de sourires que son âge ou un multiple de son âge (à sept ans, sept étoiles ou quatorze, ou vingt et une étoiles, etc.).

Comment choisir une récompense pour son enfant ?

Les récompenses doivent toujours être gratifiantes et donc adaptées à chaque enfant en fonction de son âge et de ses intérêts propres. Ce qui peut être perçu comme une récompense par un enfant peut être perçu comme une punition par un autre. Pour ne pas épuiser trop rapidement ce système de renforcement, il est souhaitable de piocher dans tous les types de récompenses. Quand l'enfant est petit (avant 6 ans), la plupart du temps, c'est la récompense sociale, à savoir le compliment, qui sera largement utilisé.

Employer le compliment va servir à renforcer une attitude adaptée et favorable, mais signifiera aussi à l'enfant ce qui est attendu de sa part. N'oublions pas que le petit de l'Homme vient au monde totalement inachevé sur beaucoup de plans et que c'est grâce à la présence d'adultes bienveillants et compétents qu'il pourra à son tour en devenir un. En félicitant l'enfant, on lui dit, certes de façon quelque peu subtile, ce qui est attendu de sa part et on l'aide aussi par la même occasion à se défaire de précédentes attitudes qu'il aurait pu manifester et qui n'ont pas été récompensées. Le compliment est assez magique, car, outre le fait de faire plaisir à celui à qui il s'adresse, il permet d'encourager à demi-mot son destinataire, de réitérer à terme les mêmes attitudes, et donc d'améliorer notablement ses conduites.

L'enfant ne sait pas comment se comporter et encore moins comment bien se comporter : avec le compliment, il le découvrira d'une façon positive et encourageante. Si, dès les premières années, c'est-à-dire quand l'enfant est en plein apprentissage du « vivre avec les autres », les compliments sont systématiquement utilisés, ils permettront de lui indiquer comment se comporter. Les compliments ne peuvent donc pas être considérés comme manipulateurs, car même s'ils reflètent le souhait indirect de façonner l'enfant en mettant en lumière son attitude favorable, il ne faut pas oublier que seul l'adulte sait comment conduire l'enfant dans la vie. Par ailleurs, ne complimente que celui qui se positionne au-dessus et c'est précisément la place que les parents doivent occuper face à l'enfant.

Une récompense méritée et équitable

Quand le compliment peut être renforcé, il est possible d'y ajouter une récompense qui, tout comme le compliment, devra être juste : une récompense imméritée est tout aussi compromettante qu'un châtiment injuste. Accepter d'aller se brosser les dents quand le parent le lui demande, ne justifie pas *a priori* une récompense époustouflante, mais un mot de félicitation (« bravo, c'est bien », etc.). Il est important que les mots des parents « sonnent vrais » aux oreilles de l'enfant, sans quoi il doutera de leur fiabilité.

Encourager les conduites souhaitables est toujours important, car plus l'enfant aura de l'attention pour ses « bonnes actions », moins il aura besoin de recourir aux « mauvaises », pour capter l'intérêt des adultes. Ce type de renforcement positif, qu'il soit verbal ou non verbal (comme un sourire, une caresse, un clin d'œil, etc.), est à utiliser pour toute collaboration immédiate de l'enfant, notamment en ce qui concerne les consignes de la vie quotidienne. Il conviendrait de manifester ce type de renforcement le plus immédiatement possible après l'action de l'enfant, de sorte qu'il puisse lui-même associer sa bonne conduite à la gratification obtenue.

L'avantage premier du renforcement est bien sûr de permettre le développement de l'estime de soi et la confiance en soi de l'enfant. De plus, quand le parent s'entend lui-même valoriser régulièrement son enfant, une bonne relation parent-enfant s'installe et l'adulte aura le sentiment que chacun assume bien sa fonction. À la proportionnalité de la récompense devront également être rattachées la fixité et la stabilité : les récompenses, les encouragements, les félicitations ne se comptent guère. Toute bonne conduite mérite systématiquement un retour de la part de l'adulte qui l'a constatée, jusqu'au moment où cette bonne action sera totalement automatisée.

Quand l'enfant manifeste une action particulièrement favorable, comme une prise d'initiative, une démarche d'aide envers autrui, ou quand il s'est lui-même bien comporté, en classe par exemple ou à une manifestation, il est important que sa récompense soit plus singulière. C'est alors qu'il sera possible de le féliciter par une carte bonus, par exemple un bonus de x minutes pour regarder la télévision ou jouer à un jeu vidéo. Le nombre de minutes accordées pourrait être calculé en fonction de son âge – pour un enfant de huit ans, huit minutes (ou seize ou vingt-quatre minutes) de temps supplémentaire à passer devant l'ordinateur, etc.

Ainsi, du simple éloge jusqu'à l'argent qui pourrait lui être donné, la chaîne est longue et dépend de l'âge de l'enfant et de l'action à féliciter. Pour les enfants jusqu'à dix ans, il est parfois ludique d'imaginer un système de grille, avec un quadrillage, comportant un multiple de leur âge : à chaque bonne action, le parent appose un tampon et quand la grille de l'enfant est remplie, celui-ci peut l'échanger contre la récompense notée au dos du tableau (« à échanger contre une glace, à échanger contre une sortie roller, à échanger contre une partie de Monopoly », etc.). Ce système permet à l'enfant de constater d'emblée sa bonne action en voyant son parent lui apposer un tampon, mais l'oblige malgré tout à développer sa persévérance, à enchaîner ses bonnes actions et lui laisse le plaisir, quand sa grille est complète, d'aller l'échanger contre sa récompense. Les jeunes enfants sont souvent très friands de ce type de défis, car, du fait que cette technique soit visuelle, l'enfant assiste progressivement à ses propres progrès. Cette façon de faire rend visible les bonnes actions de l'enfant et l'encourage à toujours faire mieux. Quand l'enfant a manifesté une attitude méritoire tout à fait exemplaire, il suffira alors de lui tamponner deux ou trois cases, ce qui le conduira plus vite vers sa récompense.

Les renforcements peuvent ainsi être verbaux, tactiles, matériels ou les trois à la fois. Les premiers doivent être les plus fréquents : aucun jour ne devrait s'écouler sans qu'un parent n'y ait fait recours plusieurs fois au moins.

Il convient de veiller à d'éventuelles rivalités fraternelles, si les enfants sont rapprochés par l'âge, et d'éviter qu'un flot de compliments adressés à l'un des enfants n'écarte ou n'accable un autre. Il est souvent impossible pour les parents de répartir équitablement leurs récompenses et retours positifs, ce qui les oblige à rester vigilants pour ne pas créer des préférés ou des chouchous.

Si, durant ses jeunes années, l'enfant a besoin de récompenses, c'est-à-dire de se savoir entouré de personnes qui veillent sur lui et qui observent ses bonnes conduites en le félicitant, par la suite, la plus belle motivation sera pour lui celle qui viendra de l'intérieur. En effet, la motivation intrinsèque fera que cet enfant, devenu grand, cherchera le plus souvent possible à bien agir par plaisir et fierté. La meilleure récompense n'est-elle pas la fierté ressentie à être quelqu'un de bien ou à faire quelque chose de bien ? Si, en tant qu'adultes, nous en sommes persuadés, l'enfant, surtout avant dix ans, ne l'est pas encore vraiment et a donc besoin d'être récompensé !

> Tom, 16 ans, invité au cours d'une séance de thérapie à se souvenir d'une bonne action, évoque la situation suivante qui lui était arrivée quelques mois auparavant :
>
> *« J'étais dans le tram et une mamie très âgée avait demandé l'arrêt. Quand le tram s'arrêta, elle se leva, les bras chargés d'affaires, mais en voulant attraper un dernier panier d'achats, elle se rendit compte que celui-ci était bloqué sous son siège. Elle commença à s'emporter, à perdre patience. Voyant sa panique, j'ai de suite bloqué la porte du tram avec mon cartable et je me suis rendu près d'elle, pour l'aider à débloquer son panier, ce que je réussis à faire très rapidement, puis la prenant par le bras et lui portant ses paquets, je descendis avec elle sur le quai, avant que le tram ne reparte. Elle me remercia de nombreuses fois, puis s'éloigna pendant que j'attendais le prochain tram.*
>
> *Quelques instants après, elle revint près de moi et me tendit un billet de vingt euros, me suppliant de le prendre, car, disait-elle, je l'avais mérité. Gêné et embarrassé, je gardai mes mains dans les poches de mon jeans pour lui indiquer que je ne voulais pas cet argent ; j'avais rendu un simple service à une personne âgée, qui était dans une situation quelque peu compromettante, j'étais fier de l'avoir fait très naturellement et voilà.*
>
> *Voyant que je ne voulais pas son billet, elle me remercia encore plus gentiment, me fit une série de compliments, me demanda mon prénom et mon âge, pour me dire finalement qu'elle aurait aimé avoir un petit-fils comme moi. En montant dans le tram qui arrivait, j'avais les larmes aux yeux ; pour la première fois, je crois, j'ai eu ce sentiment d'être quelqu'un de bien, d'utile et tous les compliments de cette mamie valaient bien plus que vingt euros.*
>
> *Depuis, à chaque fois que le tram passe devant cet arrêt, je repense à cet épisode et je me sens bien ; personne ne m'avait jamais dit des mots aussi touchants et encore moins ces derniers temps, où mes parents et mes profs, ne cessent de me critiquer et de me menacer. »*
>
> On entend bien que pour cet adolescent, la récompense sociale, à savoir des compliments authentiques, une reconnaissance, valent plus que toute autre chose.

Récompenser par l'argent ?

Du service rendu aux tâches quotidiennes, de la bonne prestation scolaire à la chambre rangée, faut-il récompenser ses enfants par l'argent ? Tout travail mérite salaire, dit l'adage. C'est peut-être vrai pour ce qui est de la vie professionnelle, mais quand son enfant travaille bien en classe ou range chaque samedi sa chambre, mérite-t-il d'être récompensé par l'argent ?

Notre société devient malheureusement de plus en plus vénale et néglige les valeurs fondamentales. Les parents comme les enfants veulent tout, tout de suite, et l'argent en fait partie.

Pourtant, il semble important que l'enfant apprenne à viser la réussite pour elle-même. Faire un geste pour l'autre sans contrepartie, par générosité et par solidarité familiale, est un apprentissage essentiel dans la vie d'un enfant. L'enfant devrait s'habituer très tôt à faire les choses gratuitement, pourrait-on dire, simplement parce qu'elles lui sont demandées et qu'il prend plaisir à montrer qu'il sait les accomplir. Cependant, pour un adolescent par exemple, introduire ponctuellement une récompense financière peut favoriser une « connaissance réaliste » de l'argent. En effet, c'est une façon de prendre conscience que l'argent s'inscrit dans un échange, basé sur les principes de la demande, de l'offre, du gain et du mérite. Par cet « argent-récompense », le jeune pourrait prendre conscience du fait qu'il est difficile de le gagner, qu'il est facile et rapide de le dépenser. Il peut ainsi se connecter plus directement aux réalités de la vie.

“

Claire, maman de deux adolescentes de 14 et 17 ans confiait :

« Je ne donne pas d'argent de poche à mes filles, mais quand elles ont de bonnes notes, je les récompense ainsi, en me disant que je préfère leur donner un petit billet pour les encourager à continuer de bien travailler, plutôt que de payer un cours privé. Je leur donne aussi de l'argent quand elles prennent des initiatives ou quand elles font des tâches laborieuses, longues et peu agréables, comme ramasser les feuilles mortes du jardin, laver toutes les poubelles au désinfectant, ranger et laver le garage. »

Un principe à ne pas systématiser

Tout travail pénible ne mérite cependant pas salaire et le rôle des parents est aussi d'enseigner à leurs enfants le sens du don, de la générosité et des efforts. L'argent doit rester une forme exceptionnelle de félicitation et ne devrait pas être utilisé comme récompense avant 10 ans.

Si, pour les adolescents, l'argent peut être une source de motivation, il ne doit pas devenir pour autant la finalité de leur bon comportement. S'ils sentent que leurs parents leur donnent de l'argent pour les encourager ou les remercier – et non pour les appâter, voire pour se dédouaner –, ils apprécieront cet argent comme une récompense juste. Sinon, les relations qu'ils établiront avec leurs parents risquent d'être faussées et de se détériorer.

Les parents, quel que soit l'âge de leur enfant, devront continuer de valoriser leurs efforts et pas seulement leurs réussites. En effet, pour qu'un don d'argent s'intègre au mieux dans la relation d'éducation, il est essentiel qu'il ne remplace pas l'affection entre parents et enfants. L'argent ne devrait intervenir que comme un supplément dans l'éducation, c'est-à-dire venir à la suite des félicitations et des encouragements, qui eux sont les constructeurs de la relation.

Les parents : perroquets et supporters

Avoir la patience de répéter de nombreuses fois les principaux messages et avoir une saine ambition pour son enfant, vouloir devenir son meilleur supporter, c'est-à-dire croire sans relâche en lui, telles seraient les qualités d'un parfait parent. Pour faire grandir un enfant en toute confiance et sérénité, il est nécessaire que chaque parent trouve toute une panoplie de renforcements positifs, fasse preuve d'inventivité et de malice, jour après jour, étape après étape, afin de lui donner envie de grandir et le conduire vers ce qui sera le meilleur pour lui.

Pour y arriver, beaucoup de répétitions, de patience et de compliments : vingt ans plus tard, la naissance d'un adulte épanoui devrait être là !

Chapitre 6

Être parents, c'est savoir et oser dire « non »

La famille est le premier lieu où l'on apprend à se plier aux règles, à les intégrer pour pouvoir les respecter. C'est donc dans le cadre sécurisant de sa maison que l'enfant devrait apprendre les contraintes, les limites, les interdits qui lui permettront plus tard de vivre avec les autres en toute sécurité. Si tel est le cas, l'enfant pourra alors respecter la loi extérieure, la loi sociale et trouver sa place dans le groupe. Un enfant qui sait obéir saura ultérieurement s'obéir à lui-même et donc maîtriser ses pulsions et avoir un self-control fonctionnel.

Aucun enfant, cependant, ne vient au monde avec cette compétence : savoir obéir s'apprend, et en premier lieu à « l'école de ses parents », puis se consolide à l'école, pour pouvoir s'exprimer finalement en toute circonstance à l'âge adulte. L'obéissance s'apprend donc et nécessite un accompagnement cohérent, respectueux et bienveillant de la part des parents.

Rien ne peut remplacer l'éducation : ni la séduction, ni la répression et encore moins la démission : l'éducation est un incontournable absolu pour l'enfant ; celui qui en aurait été privé en pâtirait sa vie entière.

Mais l'éducation fait souvent peur aux parents d'aujourd'hui, parfois hantés par ce qu'était l'éducation d'autrefois, à savoir un instrument rigide destiné à soumettre un plus faible au pouvoir d'un plus fort. Aujourd'hui, l'éducation, et donc l'autorité, n'est plus cela ! Non seulement l'autorité ne vise en aucun cas à détruire, mais au contraire elle permet à l'enfant de se construire et de se projeter sereinement dans l'avenir. Éduquer doit rimer avec aimer, protéger, respecter, transmettre des règles, valables pour tous et partout. Éduquer permet à l'enfant d'exister tout simplement et de devenir un adulte apprécié et appréciable !

Nous rencontrons tous les jours des parents qui se montrent particulièrement avares du « non » ; leurs enfants se couchent après vingt et une heures, peuvent accéder au lit conjugal, s'immiscer dans toutes leurs discussions d'adultes, décider des vêtements qu'ils porteront le jour suivant et du restaurant où ils iront dîner. Pourtant, il est fondateur pour l'enfant de pouvoir se frotter à l'opposition de ses parents et d'affronter leur contestation. Les enfants ont besoin de toucher le « non » de leurs parents et celui des adultes qui sont autour d'eux, pour pouvoir s'inscrire dans la réalité et ainsi grandir.

Le non, cadre nécessaire pour l'enfant

Souvent, c'est pour s'acheter une paix éphémère que le oui est concédé, là où c'est le non qui aurait dû être fermement prononcé. Pourtant, c'est du non que l'enfant a besoin, car le non donne un cadre, un contour à sa vie, donc des repères, des points de sécurité et d'ancrage, pour qu'il puisse grandir en toute tranquillité. Poser un cadre permet à l'enfant de découvrir le monde qui l'entoure, d'intégrer des informations, d'automatiser des conduites, pour pouvoir à terme contrôler son environnement. En disant oui à des situations et non à d'autres, on balise le chemin de l'enfant, pour qu'il lui paraisse jour après jour plus accessible en toute sécurité. Il est donc important que ces informations restent constantes, claires et que les oui restent des oui, comme les non, des non.

Le non permet aussi de ne pas répondre aux besoins immédiats de l'enfant et de lui apprendre ainsi la frustration et la patience. Un enfant vit dans le présent, dans l'immédiateté de la réalisation de ses désirs et il est important de lui apprendre à s'en détacher pour l'aider à différer ses requêtes, sans quoi il deviendrait capricieux et irascible. Le non permet ainsi à l'enfant de se situer dans le temps, de comprendre qu'il y aura aussi pour lui un futur, un temps à venir où il pourra accéder à des demandes qui aujourd'hui lui sont inaccessibles. En cela, le non permet à l'enfant de vouloir grandir, car très souvent le non se justifie en raison de l'âge : « Non tu vas te coucher maintenant, tu es trop petit pour veiller tard. »

Dire non, c'est aussi permettre à l'enfant de rester un enfant : en lui disant non, on lui montre que l'adulte sait davantage de choses que lui, qu'il n'a pas à se préoccuper de savoir ce qu'il a à faire ou non, qu'il est dirigé dans toutes ses actions par ceux qui l'entourent, à savoir les adultes à qui il doit s'en remettre, en toute confiance. En lui disant non, il apprend à se confronter à un autre avec respect, en intégrant peu à peu que ce petit mot de trois lettres n'est finalement pas si difficile à entendre ni à appliquer.

Les enfants qui ne seraient pas encadrés par le non deviendraient rapidement des adultes en miniature et feraient régner une loi malsaine au sein des foyers. Si ce sont eux les maîtres de la maison, les cris, pleurs, colères, blessures seront omniprésents, car comment penser que l'enfant pourrait se diriger tout seul ? Seuls les adultes doivent s'emparer de la direction et donner des limites à leurs enfants !

La valeur du non

Le non indique la valeur des personnes et des choses qui sont autour de l'enfant. En effet, le non va lui permettre de comprendre que tout n'est pas gratuit, mais qu'au contraire il y a un prix à tout. « Ce prix se paie en argent, en efforts ou en temps, selon le cas[10]. » Quand l'enfant réclame quelque chose et que ses parents lui répondent par « non, tu n'as pas besoin de ce jouet », l'enfant sera déçu, frustré, mais pourra accéder à la valeur des choses et comprendre qu'il ne peut pas tout avoir. Que les parents, eux non plus, ne se permettent pas tout, mais peuvent décider de permettre ou non, là où lui doit accepter leur décision. Ainsi, il les considérera comme puissants, décideurs et pourra d'autant mieux les respecter, en voulant un jour leur ressembler.

De même, si un enfant sollicite ses parents pour un jeu et qu'il s'entend dire « non, pas maintenant, j'ai du linge à repasser », l'enfant comprendra aussi que le temps du parent ne lui est pas exclusivement dédié, que le parent a d'autres obligations à remplir que celles liées à son chérubin.

Les enfants comprennent très tôt la valeur des choses et des personnes qui les entourent, si les adultes introduisent du non dans leur éducation. Pour que l'enfant nous respecte et nous attribue cette valeur, il est donc important d'avoir conscience de notre propre importance, d'être convaincus que tout ce que nous faisons a de la valeur et sert à quelque chose. Savoir dire non à son enfant nécessite de ne pas tenir pour acquis le fait de devoir dire oui à tout. En outre, savoir dire non à son enfant lui permet de comprendre que tout n'est pas dû, mais que tout à un prix et que toute chose et toute personne se respecte. Il est important que l'enfant comprenne que ses parents ne diront pas oui à tous ses désirs et n'accéderont pas à toutes ses demandes. Il pourra continuer à apprécier et à respecter ses parents.

Parmi les ingrédients éducatifs, le « non » occupe une place de choix et aucun parent ne peut s'en passer. Le travail éducatif peut être comparé à une véritable danse de « oui » et de « non », où le « non » se démarque davantage, car il est peut-être le mot le plus important à savoir dire avec élégance et efficacité. Dire non à son enfant ne va pas toujours de soi pour le parent ; la peur de blesser, de vexer, de perdre son amour, de rendre difficile sa relation avec lui sont autant de bonnes raisons pour dire « oui » là où le « non » aurait eu sa place. Voyons comment avec courage, persévérance, fermeté et empathie, chaque parent peut user du « non » et du « oui » avec efficacité.

10. Robert Langis, *Savoir dire non aux enfants*, Genève, Ambre, 2010, p. 24.

Comment dire non sans avoir mauvaise conscience, sans être déchiré entre la peur de ne pas faire plaisir et l'envie de ne pas se renier soi-même ? Quand un parent dira « non » à son enfant, c'est qu'il se sera dit « oui » à lui-même : oui, car il est alors convaincu que, pour le bon équilibre de l'enfant, c'est le « non » qui doit être dit. Ce « non » là est alors libéré de la peur d'offenser, car il est prometteur de vie et de bien-être. Le « non », loin d'être le contraire de l'amour, vient de l'amour et y retourne ; aimer son enfant, c'est plus souvent lui dire « non » que « oui », au moins dans les six premières années de sa vie. Ce « non » doit être ferme, mais aimable, positif, puisqu'il répond à un « oui » du parent.

Être capable de dire « non » dans un esprit positif sans détruire sa relation à l'enfant est donc le but à atteindre. Le « non est tout aussi important que le oui et constitue, en fait, la condition préalable pour dire vraiment oui »[11]. Pour dire « oui » à certaines demandes et conduites, il aura fallu dire « non » à d'autres.

Mais, s'il s'agit du mot le plus important du vocabulaire parental, c'est aussi le plus difficile à dire comme il faut, car il renvoie au paradoxe entre exercice de son autorité et préservation de la relation à son enfant.

Quelle attitude adopter ?

Devant ce dilemme du oui ou du non à l'enfant, trois conduites sont souvent adoptées par les parents, aucune n'étant la meilleure.

Soit le parent va s'accommoder et dire « oui » à la place de « non ». Il achète alors d'une certaine façon une fausse paix et ne se positionne pas comme un adulte responsable et dirigeant. Cette fuite, synonyme de peur, est nuisible et le prix à payer sera conséquent. N'oublions pas que l'adulte doit rester pour l'enfant une référence et un modèle et donc répondre avec exemplarité aux sollicitations de sa progéniture. La plupart du temps, le « non » permettra à l'enfant de repérer le chemin à emprunter et l'encouragera à renoncer aux tentations du moment. Le parent lui ouvre en cela un avenir, un futur, tout en lui offrant par son « non » une véritable armure qui le protège. De plus, ce « non » prononcé par le parent à destination de son enfant va lui apprendre à se différencier. Quand on dit « non », c'est que l'on est une autre personne, appelée à s'individualiser et à façonner sa propre personnalité. C'est le « non » qui permettra à l'enfant de sortir de la fusion avec ses parents et de s'autonomiser. C'est grâce au « non » que l'enfant pourra renoncer à ses émotions du moment, apprendre à différer ses désirs et donc à ne pas en devenir prisonnier.

11. William Ury, *Comment dire non : savoir refuser sans offenser*, Paris, Seuil, 2007, p. 21.

Une autre attitude consiste à opérer de façon inverse à l'accommodement, à savoir attaquer. Ici, le parent ne se préoccupe aucunement de sa relation à l'enfant et exerce son pouvoir, car il s'est senti frustré, offensé, irrité par la conduite de l'enfant. Dès lors, il attaque et dit « non » de façon blessante et humiliante, en étant davantage centré sur lui-même et ses ressentis que sur ceux de son enfant. Ce genre de non ne devrait pas avoir sa place dans l'éducation de l'enfant, car il est empreint de pouvoir malsain et n'aide pas le petit de l'Homme à s'élever.

La dernière conduite est d'esquiver, c'est-à-dire de ne rien dire du tout. Devant les perturbations commises par son enfant, le parent ne dit ni « oui », ni « non », ni « rien du tout » d'ailleurs. Cette façon de procéder, totalement immature, est très répandue, bien au-delà de la cellule familiale : par peur d'offenser l'enfant et d'attirer sa colère, on ne dit rien et on attend, espérant que le temps apportera des réponses ou que d'autres oseront être moins lâches que nous. L'esquive est mortifère et peut être très coûteuse pour la santé mentale du parent, car les problèmes qui « mijotent » trop longtemps finissent un jour par « adhérer », à tel point qu'il ne sera plus possible de les « décoller » ! De plus, être responsable, que ce soit de ses enfants, de ses salariés ou encore de son animal, c'est savoir donner une réponse claire et l'assumer.

Ces trois réactions, l'accommodement, l'attaque et l'esquive cohabitent souvent, ce qui est fort désespérant. Pour s'en sortir, il convient alors d'user, voire d'abuser d'un « non » positif qui commence toujours par un « oui » et qui termine par un « oui ». Un « non » encadré par deux « oui » donne un « non » positif, constructif, responsable et respectueux.

Savoir dire non, selon la formule « oui, non, oui »

De quoi s'agit-il ? Quand un parent dit « non » à son enfant, c'est qu'il s'est d'abord dit « oui » à lui-même, car il pense ici à ses propres responsabilités, préoccupations, intérêts. Puis, il annonce son « non », fermement et avec conviction, pour affirmer son autorité et sa détermination. Enfin, il terminera par un autre « oui », qui vise à garder une bonne relation avec son enfant.

Cette triade pourrait se visualiser par la symbolique d'une maison : je descends dans la cave, c'est-à-dire que je veux rester fidèle à moi-même et chercher dans mon for intérieur mes propres repères en me basant sur les traces éducationnelles laissées par mes parents ou en m'appuyant sur mes convictions personnelles. Puis, je monte à l'étage et là je dis « non » simplement, mais avec conviction, un « non » qui protège, oriente et dirige. Enfin, je monte vers le toit en disant « oui » et en donnant ainsi une ouverture à mon « non ». Le toit, c'est ce qui se voit de loin, c'est l'avenir, mais c'est aussi ce qui protège toute la bâtisse. Je propose alors cet autre « oui », celui qui me permettra de rester en relation avec l'enfant. C'est là que je pourrai proposer une solution différente, éventuellement expliquer brièvement le « non » précédent.

Prenons un exemple : Paul, âgé de 6 ans et demi dîne avec sa maman. Il a déjà bu deux verres de soda et en redemande un troisième, que sa mère ne lui concède pas en lui opposant un « non, deux suffisent bien assez ». Elle lui propose de se dépêcher de terminer son repas, car l'heure du dessin animé va arriver. L'enfant renonce à sa demande et file au salon. Que s'est-il passé ? En disant « non », cette mère s'est avant tout dit « oui » à elle-même en pensant à sa responsabilité maternelle, car elle sait que ces boissons se consomment avec modération. Elle s'est d'abord écoutée en questionnant ses propres repères éducationnels, puis parce qu'elle savait être sur la bonne voie, elle a pu soutenir avec fermeté son « non », qu'elle a fait immédiatement suivre par une tentative d'accord, en déviant l'attention de son garçon vers un autre objectif agréable. En cela, elle préserve une bonne relation avec son fils et le « non » n'aura pas fermé leur relation, au contraire, il aura aidé à la construire.

Ce « non » positif, encadré par deux « oui » est le seul « non » dont l'enfant a besoin, car il respecte celui qui l'énonce, celui à qui il s'adresse et permet à votre autorité de s'exercer. Le non a donc un véritable aspect libérateur, car il ouvre à autre chose : il permet à l'enfant d'apprendre la frustration tout en lui faisant découvrir sous le « non » d'autres possibles, ignorés jusqu'alors. Le « non » positif est un mot d'amour, un mot juste, nécessaire à la sécurité de l'enfant, à son épanouissement. Ce ne sont que trois lettres, un petit mot certes, mais un mot puissant qui donne de bons résultats à condition qu'il soit utilisé dans ce cadre positif. Ce « non » positif est l'union des deux mots les plus fondamentaux de la langue éducative : « oui » et « non ». « Oui » sans « non », c'est certes, dans un premier temps l'apaisement pour l'enfant et le parent, mais rapidement le conflit surgira, car l'adulte ne tient pas toute sa place. « Non » sans oui, c'est de suite le conflit, la rupture. Comme le dit William Ury, « oui sans non sacrifie notre satisfaction, non sans oui nos relations avec les autres »[12].

12. William Ury, *Comment dire non : savoir refuser sans offenser*, *op. cit.*, p. 282.

L'enfant a donc besoin d'entendre le « non » qui protège et le « oui » qui connecte, et c'est leur mariage qui sera efficace dans l'éducation. Si le « oui » apaise, le « non » renvoie à la justice, et la combinaison des deux permettra à l'enfant de grandir sainement. Le « non » positif, qui est énoncé clairement, ouvre un avenir et une direction tant à l'enfant qu'au parent. Ce faisant, le parent change la situation dans le bon sens, car son « non » est honnête, respectueux et donne une ouverture à l'avenir. Pour un enfant, grandir dans les frontières de ce « non » honnête réduit fortement en principe les conflits, le sécurise et lui donne l'occasion de devenir un adulte épanoui et responsable.

Ce « non » positif est en somme un « non » qui a un sens. Il n'est pas élastique et ne peut pas être contourné, car il est clair et ferme. Chaque enfant appréciera ce « non » ! Cependant, il existe des alternatives à ce « non » auquel le parent pourra faire appel, notamment dans les situations moins critiques.

Tout d'abord le langage du corps – et notamment des yeux – est un bon outil de communication entre un parent et son enfant, surtout quand il est encore jeune, car le petit enfant a l'habitude d'avoir ses yeux tournés vers ceux de ses parents. Le regard parental, quand il est inquiet ou désapprobateur, peut alors suffire pour empêcher l'enfant d'aller plus loin dans son action. Toute la mimique du visage est décodée par l'enfant qui, branché sur le langage corporel, ne fera pas d'erreur d'interprétation et trouvera là son « stop ». Ce langage corporel est d'autant plus aisé que l'enfant est jeune, disions-nous, et il sera d'autant plus compréhensible pour lui si ses parents l'ont utilisé dès sa naissance, pour le féliciter et lui montrer leur satisfaction lors de conduites favorables.

Le ton de la voix, l'utilisation de quelques onomatopées « tss, ohhh » ou des raclements de gorge peuvent aussi servir à adresser des messages d'arrêt à l'enfant. Ces petits messages codés sont souvent bien perçus par l'enfant qui se sent alors connecté à son parent. Il perçoit ces messages comme un premier rappel de la consigne et, s'il le décode à propos, comprend très vite qu'il n'y aura aucune suite ni conséquence. Cette complicité entre l'adulte et l'enfant est fort utile et souvent très efficace dans des situations simples, plus encore quand il n'y a pas d'autres personnes présentes. Mettre ces non dans sa recette éducative est finalement peu compliqué, car ils sont simples, puissants, fermes, élévateurs ; les parents doivent aimer les utiliser, car les enfants ne se lassent pas de les entendre, puisqu'ils leur permettent de grandir en toute sécurité.

Le « P » du parent, ne rime pas toujours avec le « P » de plaisir

Beaucoup de parents restent un temps dans l'illusion que le métier de parents est surtout constitué par des joies et des plaisirs multiples, à voir son enfant grandir et s'épanouir. Si de toute évidence, une foultitude de tels moments existent pour chacun, des épisodes plus épineux s'invitent aussi, mettant parfois en alerte les relations entre les géniteurs et leur progéniture.

Il n'est en effet pas toujours aisé de faire cohabiter le « P » de parents avec le « P » de plaisir, car l'émotion et l'engagement sont tels, que des court-circuitages sont fréquents au sein de ce binôme « pas tout à fait comme les autres », que constitue le parent et son enfant.

À force de vouloir « trop bien » faire, le parent s'emporte souvent de façon excessive et se trouve comme aveuglé, oubliant son bon sens naturel, dont il sait pourtant faire preuve en règle générale. Comme l'amour qui aveugle, le parent peut en perdre son latin et parfois « mélanger » les non au oui pour énoncer une réponse bigarrée, qui n'en est finalement pas une, là où en principe, il sait faire preuve d'arguments épurés et sobres.

Ce ballet de oui et de non est une danse parentale possible pour tous, mais souvent mise de côté, au profit de pas moins nobles, plus improvisés, mais qui finalement, dans l'instant, apportent davantage de tranquillité. Attention cependant à cette paix chimérique et n'oublions pas que le « P » de parents ne cousine pas souvent avec le « P » de plaisir !

Chapitre 7

Être parents, c'est oser aller au-delà du « non »

Tout petit mot de trois lettres seulement, le « non » n'est pourtant pas facile à dire ni facile à entendre. Pour celui qui l'énonce, il faut de la conviction, de la confiance, mais aussi du courage pour exprimer le négatif en soi et sa propre contestation face au non-respect des limites. Dire « non », c'est toujours prendre le risque de mettre en péril sa relation avec son destinataire, car ce mot fonctionne comme une rupture et court-circuite d'une certaine façon le lien. Pour celui à qui il s'adresse, l'enfant, il faut suffisamment d'attachement, de tendresse, d'assurance, de sérénité pour l'entendre comme « un mot d'amour » et donc pour l'exécuter. Si chacun est bien à sa place, l'un ayant à guider l'autre, le « non » a plus de chance d'aboutir favorablement.

Mais force est de constater que tous les parents expérimentent rapidement les limites du « non ». Bien plus de « non » vont avorter que germer ! Il en est ainsi pour chaque parent. Alors, quand le « non » n'a pas été entendu, quand sa répétition s'avère elle aussi insuffisante, il est nécessaire d'imaginer d'autres outils, d'autres techniques ; même les meilleurs enfants du monde n'obéissent pas toujours et c'est aux parents de rester fiables et raisonnables, en amenant l'enfant à la responsabilité de ses actes et à l'autodiscipline.

Quand il faut renforcer le « non », c'est souvent l'indice que la parole doit être complétée par un acte. Il ne s'agit pas là d'une faille d'autorité ou d'une faille éducative, mais d'une situation somme toute ordinaire dans un métier de parents, où l'on s'adresse à un enfant qui a tout à apprendre. N'oublions pas que l'enfant arrive dans la vie sans mode d'emploi et « inachevé ». Les paroles sont premières, les actes doivent souvent suivre pour venir les cautionner, les valider. En fonction de l'âge, mais plus encore du niveau d'éveil général, différentes techniques pourront venir compléter le « non », sans oublier que les paroles resteront toujours premières ; à terme, quand l'enfant sera devenu adolescent et *a fortiori* adulte, les mots seront aussi le canal principal par lequel l'autorité devra circuler.

Punir, sanctionner sonnent mal dans la tête des parents. Avec ses relents d'autoritarisme, la punition les ramène des décennies en arrière, quand fessées, claques, martinets et coups volaient. Cette éducation à la dure, qui n'accordait aucun droit à l'enfant si ce n'est celui de l'obéissance, a marqué des générations. Même si de telles pratiques ne concernent plus vraiment les parents d'aujourd'hui, nous en avons tous entendu parler, car nos parents ou nos grands-parents étaient de cette trempe-là.

Les années 1960 sont ensuite passées par là avec leur adage « il est interdit d'interdire » et l'amour a remplacé le martinet ; c'est ainsi que les enfants rois et leurs parents désarmés ont commencé à envahir les cabinets des « psys ». Aujourd'hui, les parents restent tout aussi demandeurs d'aide et cherchent une alternative à ces deux façons d'éduquer : l'utilité du dialogue, la place laissée à l'enfant pour s'exprimer sont des opinions assimilées par beaucoup de parents, mais en même temps ceux-ci reconnaissent la nécessité d'imposer des limites et d'avoir des outils efficaces pour faire collaborer leurs enfants quand leurs mots ne suffisent plus. Bref, ils cherchent un remplaçant au martinet, car ils ont compris que, si l'autorité parentale n'appliquait pas la sanction, l'enfant risquerait de s'en charger lui-même (conduites à risques, mutilations, anorexie, scarifications, etc.), ou que la société pourrait prendre le relais. Face à la désobéissance et aux caprices, les parents sont donc contraints de se positionner, de réfléchir aux techniques et outils à avoir sous la main, pour les assister dans leur mission éducative.

Quels types de sanctions ?

Pour décourager une attitude inadéquate chez l'enfant, la sanction consiste à faire suivre sa conduite par une conséquence désagréable pour lui. En effet, il est toujours important que la punition découle logiquement du comportement inadapté. Quand il est possible à l'enfant de « réparer » son infraction, la réparation sera préférée à n'importe quelle autre sanction.

Si par exemple l'enfant abîme un livre, il lui sera demandé de le remettre en état ou de l'échanger contre un autre livre non détérioré qu'il a dans sa bibliothèque ou encore d'en racheter un nouveau plus tard. Si un enfant abîme un objet à l'un de ses frères et sœurs ou à un camarade, réparer pourrait s'apparenter à autoriser l'enfant « victime » à venir choisir parmi les affaires de l'enfant « auteur » un article de son choix en guise de dédommagement.

Quand il s'agit d'infractions verbales, si un enfant parle mal à un adulte ou à un camarade, réparer pourrait ressembler à une parole d'excuse ou, quand il sera en mesure d'écrire, à un mot d'excuse. La réparation devra toujours être plus longue que l'action incorrectement validée, afin que l'enfant comprenne qu'il est plus ardu de réparer que d'avoir de suite une bonne conduite.

Bien sûr, en invitant un enfant à réparer son infraction, il est inutile de proférer des injures et de l'humilier : réparer est un acte noble, une deuxième chance, et tous, qui que nous soyons, en avons besoin. Pour que la sanction fasse sens, elle devra suivre rapidement la conduite à décourager, et ce d'autant plus si l'enfant est jeune, afin qu'il puisse faire un lien direct entre sa conduite et les conséquences de celle-ci.

La sanction méritera par ailleurs d'être cohérente et constante : une punition excessive n'a aucun intérêt et n'aidera pas l'enfant à graduer les événements. Aux mêmes infractions doivent correspondre les mêmes réparations, et redonner à plusieurs reprises les mêmes sanctions est favorable. Il n'y a pas lieu de changer le style de réparation ni même d'augmenter la réparation, à moins qu'elle ne se répète allégrement de plus en plus. Mais si, dès le départ, la punition mobilise plus de temps que l'action mal exécutée, l'équation restera juste. Bien sûr, dans tous les cas, la sanction sera posée en fonction des paramètres de la situation et du niveau de compréhension de l'enfant.

Jusqu'à 6-7 ans

Une technique désormais connue et utilisée par beaucoup de parents est celle du 1... 2... 3 : un ordre vient d'être verbalisé à l'enfant, qui n'a été suivi d'aucun effet. Il convient alors de le répéter, brièvement, lentement, sans commentaires ni explications, de prendre ses doigts et de commencer à compter « 1 ». L'enfant exécute la consigne, c'est parfait, il est félicité verbalement et l'affaire est close. Il ne l'exécute pas, on passe alors au « 2 », et s'il ne collabore toujours pas au « 3 », un « break » doit être initié par l'adulte, c'est-à-dire que celui-ci quitte alors l'enfant du regard, en lui témoignant ainsi son mécontentement : « Tu ne fais pas ce que je te demande, je m'occupe alors de moi et non plus de toi. »

Si l'incident se passe à table, le parent pourra par exemple tourner le dos à l'enfant, lui montrant qu'il se désintéresse de lui ; si cela se passe au salon, le parent changera de place, de manière à ne plus avoir l'enfant dans son champ de vision. Bien sûr, il cessera de lui parler tout en continuant la conversation avec les autres personnes présentes, s'il y en a. Le temps dédié à ce désintérêt est habituellement proportionnel à la moitié de l'âge (cinq ans = deux à trois minutes).

Après cette pause, la vie reprend sans cris, ni injonctions ou morale, afin de veiller à ne pas renforcer une conduite qu'on vient de désapprouver. Quand l'enfant a l'habitude de bénéficier d'une bonne relation avec son parent, où confiance et sécurité affective sont présentes, passer par ce bref moment d'indifférence sera significativement fort pour l'aider à comprendre que celui qui l'aime tant n'est pourtant pas prêt à tout. Le parent lui symbolise, par cette attitude ignorante, qu'un chef, un guide responsable et aimant, ne peut plus mener à bien sa tâche et « délaisse » alors, le temps de quelques minutes, son attention vers son jeune « employé », à savoir l'enfant.

À partir de 7 ans

Quand l'âge de raison arrive, il est possible d'imposer à l'enfant lui-même ce « break », que l'on pourrait nommer « pause réparatrice ». Appelée souvent « time out » par les Anglo-Saxons, cette version se veut plus souple et renvoie à l'idée qu'en cas de conflit ou de désobéissance de l'enfant, chaque protagoniste se retire dans son espace pour souffler, réfléchir et permettre ainsi à la tension nerveuse de retomber. L'enfant sera ainsi invité à réfléchir à son infraction, le parent pourra se remobiliser, retrouver son calme et sa sérénité, ingrédients de base pour l'éducation.

La durée assignée à ce « break » est habituellement d'une minute par année d'âge et l'endroit retenu peut être un espace de la maison, sans attrait particulier, comme un repli de couloir, l'espace réservé au repassage, la première marche d'un escalier ou tout autre endroit inintéressant pour un enfant. On y place une chaise, une couverture ou des coussins et l'enfant ira se calmer à cet endroit.

Bien sûr, pendant cette pause réparatrice, on n'adressera point la parole à l'enfant et on ne lui accordera aucune forme d'attention, quelle qu'elle soit, puisqu'il doit comprendre que ses attitudes dérangeantes sont à l'origine de ce retrait. Le mieux alors est que le parent se rende lui aussi dans sa chambre ou dans un espace sécure pour lui, où il restera quelques minutes, le temps d'un répit salvateur. Savoir rester calme dans ces moments-là sera fondamental, car si l'enfant pouvait percevoir que sa mauvaise collaboration pouvait entraîner un manque total de contrôle chez l'adulte, il développerait soit une culpabilité massive, soit tout le contraire, une toute-puissance.

Le parent doit savoir que faire grandir un enfant n'est pas de tout repos et que ces dérapages sont ordinaires. En tant qu'adulte, savoir se faire confiance, savoir rester à sa place de locomotive qui dirige et indique le chemin est un engagement à tenir. Proposer ce « break » permet souvent d'éviter le déraillement, car stopper le contact c'est éviter de regretter certaines paroles blessantes ou pire encore des actes violents.

Quand le temps est écoulé, on rappelle l'enfant et, quand c'est possible, on lui demande de participer à une tâche de la vie quotidienne (« viens m'aider maintenant à vider le lave-vaisselle »). Ainsi, l'enfant est d'emblée ramené à un principe de réalité, se sent utile, et cette collaboration parent-enfant est le meilleur gage d'une bonne reprise relationnelle. L'infraction pour laquelle une pause a été instituée n'est pas reprise ; éventuellement, quelques heures plus tard, si le dérapage comportemental était conséquent, il sera possible de reparler de sa conduite inadaptée et de dire quelle attitude est préconisée en lui demandant de la répéter après soi.

Le cahier de vie

À partir de 7 ans, il est également possible d'utiliser simultanément un autre outil : le cahier de vie. Ce cahier, trait d'union entre le parent et l'enfant sera utilisé des deux côtés. À l'endroit, donc du côté habituel d'utilisation, le parent notera toutes les bonnes actions de l'enfant, sans aucune modération et avec une grande générosité :

17 août 2013	*Bravo, quand tu m'aides à plier le linge.*
	Super quand tu ne cries pas quand je téléphone.
	Merci quand tu ranges tes jouets.
	Je suis fière de toi quand tu joues sans abîmer tes jouets.
	Je te félicite d'être resté calme dans la file d'attente du supermarché.

Le parent consigne donc dans le cahier toutes les bonnes actions de l'enfant, par une phrase brève débutant toujours par un mot positif, sans oublier de les dater. Au moment où la consignation est faite, il n'est pas nécessaire d'en informer l'enfant ; s'il a 8 ans par exemple, lors de sa huitième bonne conduite, il aura un cœur et huit cœurs (soit 64 bonnes actions) lui permettront d'accéder à une récompense. La liste des récompenses est prévue dès le départ et collée au début du cahier, avec l'idée de récompenses graduelles, afin d'encourager l'enfant à thésauriser.

1 ♥	10 minutes de TV quand je veux
2 ♥	20 minutes de jeux vidéo quand je veux
3 ♥	Sortie piscine
4 ♥	Sortie cinéma
5 ♥	Invitation d'amis

Quand l'enfant parvient à décrocher son premier cœur, il peut choisir soit de l'échanger contre la récompense correspondante, soit de le garder afin d'en gagner un deuxième, un troisième, etc., et d'obtenir un gain plus conséquent. L'enfant est ainsi autonomisé et a un visuel sur sa situation comportementale. Il s'aperçoit aussi que ses parents constatent non seulement ce qui ne va pas, mais aussi toutes ses bonnes actions, qui seront toujours récompensées, car c'est ainsi qu'elles s'automatiseront.

L'autre côté du cahier, appelé le « côté envers » ou « côté PV » est dédié à l'enfant quand il « se comporte à l'envers ». En prenant le cahier à l'envers, le parent notera l'infraction sous la forme d'une phrase simple et courte et l'enfant devra la recopier autant de fois qu'il a d'années d'âge. À 8 ans, il recopiera donc huit fois la phrase signifiant son infraction, quand il aura du temps libre (« Il est interdit de crier quand maman téléphone »). Au moment même de l'infraction, le parent verbalise à l'enfant qu'il lui donne un « PV » ; s'il est sans activité ni occupation importante, il recopiera ses phrases tout de suite, sinon, il les recopiera au prochain moment où il sera disponible. Un « PV » ne périme pas, est daté et résumé à travers une phrase simple explicative de l'infraction, permettant ainsi à l'enfant de se remémorer sa transgression, même quelques jours après.

Il est très courant qu'une file d'attente de PV surgisse dans le cahier, ce qui n'est pas grave non plus ; cette technique a comme avantage premier de faire correspondre l'infraction avec la sanction et de faire sens, mais aussi d'aider l'enfant à réfléchir à sa mauvaise conduite. Par ailleurs, écrire, c'est aussi respecter la loi symbolique et l'enfant, même très jeune, sait que tout ce qui est écrit est important. Quand le PV est rédigé, le parent le paraphe, ce qui signifie à l'enfant qu'il s'est acquitté de sa dette ; l'affaire est close. Ce cahier est donc la mémoire des bonnes et mauvaises conduites de l'enfant. Une fois par trimestre, il est conseillé de le relire avec l'enfant : « De cette façon-là, il faudrait continuer de te comporter (côté endroit) et de cette façon-ci, il serait préférable de ne plus te comporter (côté envers). »

Ce cahier, personnel et évolutif, délivre ainsi d'une certaine manière le mode d'emploi de « comment l'enfant doit continuer de se conduire ». Tous les parents qui l'ont institué confessent en général son efficacité et, quand ils restent plus réservés à son propos, c'est qu'eux-mêmes n'y ont pas accordé de temps et ne l'ont fait vivre que du côté « envers ». Pour qu'il puisse avoir de l'avenir, ce cahier doit vivre des deux côtés et bien sûr plus encore du « côté endroit ».

Quand l'enfant grandira, en début d'adolescence, les phrases PV seront remplacées par un texte à rédiger autour du thème de l'infraction (« à qui sert le mensonge ? », à décliner en douze lignes si le jeune a douze ans et s'il vient de mentir à ses parents). Ce cahier peut donc avoir une longue vie ! On n'oubliera pas que, pour qu'un PV fasse sens chez l'enfant, il faut qu'il soit verbalisé immédiatement après l'infraction, reconduit à chaque fois que l'enfant récidive et énoncé en la seule présence du concerné. Il est bien sûr inutile d'ajouter une situation d'humiliation à la sanction ! Quand, après six mois d'utilisation de ce cahier, les parents concluent à son inefficacité, c'est que des problèmes comportementaux plus graves existent et que l'intervention d'un professionnel est alors nécessaire.

Et les fessées dans tout ça ?

Les recherches mettent en exergue que 84 % à 97 % des parents affirment avoir employé des châtiments physiques à un moment ou à un autre pour corriger leur enfant (Straus, Gelles, Steinmetz, 1980). On ne peut donc les passer sous silence, d'autant plus qu'elles font encore souvent la une de l'actualité – récemment, une proposition de loi a été mise à l'étude pour les interdire. À ce jour, dix-huit pays européens ont interdit les châtiments corporels infligés aux enfants et se sont mis en conformité avec l'article 3 de la Convention européenne des droits de l'homme, complété de l'arrêt de la Cour européenne des droits de l'homme interdisant toute punition corporelle au sein de la famille. Alice Miller[13] et plus récemment Edwige Antier[14] se sont insurgées et ont dénoncé sévèrement toute forme de correction corporelle faite à l'enfant.

Qu'il s'agisse d'une fessée, d'un coup de martinet ou d'une petite tape sur les mains, aucune correction physique n'a lieu d'exister ; le bébé et plus tard l'enfant se développent favorablement grâce à l'amour qui leur est porté, véritable carburant pour leur existence. Mais quand les adultes censés leur dispenser cet amour viennent à les corriger par son contraire, le doute s'installe et pour cause : la violence ne fait pas partie de l'amour. Livrer aux enfants de tels modèles violents ne peut que favoriser chez eux la violence et les entraîner vers

13. Alice Miller (1923-2010), psychologue et sociologue de l'enfance, a écrit plusieurs ouvrages, dont *C'est pour ton bien : racines de la violence dans l'éducation de l'enfant*, Paris, Aubier, 1984 ; *La souffrance muette de l'enfant : l'expression du refoulement dans l'art et la politique*, Paris, Aubier, 1990. Voir son site « Abus et maltraitance de l'enfant » : http://www.alice-miller.com/index_fr.php.

14. Edwige Antier, pédiatre française, s'est fait connaître pour son engagement pour la protection du développement de l'enfant et sa volonté de concilier maternité et vie professionnelle. Parmi ses ouvrages : *L'autorité sans fessées*, Paris, Robert Laffont, 2010 ; *Éloge des mères*, Paris, Robert Laffont, 2003.

la délinquance ou les inhiber jusqu'à être soumis un jour à des personnes plus violentes encore que ne l'étaient leurs parents.

Tous les professionnels sont d'accord sur ce point : fesser un enfant laissera chez lui des marques profondes d'humiliation, de souffrance et inscrira un modèle violent dans son cerveau, sans pour autant avoir eu un quelconque effet éducatif. L'éducation ne peut pas passer par la claque ou la fessée ; elle n'apprend rien de cette façon-là, mais enseigne la violence et génère un climat de peur.

De plus, la main levée ne donne aucune autorité ; au contraire, l'enfant à qui s'adresse une telle correction corporelle va s'endurcir, se « carapacer » pour très vite pouvoir se vanter d'un « même pas mal ! »

Les gifles qui violentent ce visage tant admiré et photographié quand vous avez eu pour la première fois votre bambin dans vos bras, ou les fessées qui attaquent par l'arrière une partie du corps chargée émotionnellement, mais aussi un endroit qui était le siège de tous vos espoirs, afin qu'il devienne propre, touchent incontestablement des lieux très symboliques où se cristalliseront les inhibitions et les souffrances futures.

Ces agissements corporels vont rendre l'enfant sournois, menteur, agressif, car, pour y échapper, il devra développer ce type d'attitudes. Pire encore, ces procédés vont le rendre insensible, l'endurcir et l'inciter à devenir violent lui-même, en réglant ses conflits d'enfant à coups de mains et de pieds, quand ce n'est pas à coups de ceinturon ou de bâtons. N'oublions pas que l'enfant reproduira ce qu'il a lui-même vécu, à moins qu'il ne puisse, en devenant adulte à son tour, se libérer de son histoire familiale dans laquelle il était jusqu'alors piégé.

Le travail thérapeutique peut ici se révéler particulièrement utile et donner un autre avenir à une trajectoire qui, sans cette aide, serait vouée à la répétition de la violence refoulée. Même une petite tape sur les doigts n'est d'aucune utilité pour faire comprendre à un jeune enfant de ne pas toucher un objet fragile. Si cet objet est réellement précieux ou même dangereux, alors il n'a pas à être à proximité d'un jeune enfant, et s'il l'est, un adulte doit être présent pour lui enseigner à ne pas le toucher et à s'en détourner.

Éduquer, ce n'est pas taper, c'est anticiper, expliquer, protéger, enseigner. Contrairement à ce que certains pourraient croire, la tape, la gifle, la fessée, le pincement d'oreille, le ceinturon ou le martinet, etc., n'ont aucune vertu éducative et n'enseignent que la violence, qui ne devrait jamais être le projet de qui que ce soit. « La peur, la douleur déclenchée par ces gestes violents font sécréter des hormones du stress, qui changent le travail des circuits hormonaux et entraînent des liaisons neurophysiologiques modifiant la personnalité et entraînant des troubles du comportement[15]. »

Enseigner à un enfant la peur du plus fort n'est donc digne d'aucun adulte, surtout pas d'un parent. Grandir avec des coups, dans la menace et la crainte d'en avoir, c'est mobiliser de l'énergie pour se protéger, alors que l'enfant devrait dédier toute son énergie à découvrir son environnement, sous la sécurité et la bienveillance de l'adulte.

Les fessées détériorent la relation de l'enfant avec son parent, car la confiance, si nécessaire va disparaître, rendant par la suite difficile, voire impossible, tout exercice de l'autorité. Les fessées prendront la place des autres modes de communication et de relation alors que, pour grandir, l'enfant aurait besoin de percevoir chez ses parents un modèle stable, cohérent, aimant et juste.

Les fessées abîment aussi l'image que l'enfant a de lui-même, car il va penser qu'il est mauvais, incapable, ce qui pourrait favoriser des épisodes dépressifs par perte de l'estime de soi ou bien une surcompensation avec des attitudes mégalomaniaques. Comment alors pourrait-il à l'âge adulte traiter l'autorité ?

Bien sûr, les fessées donnent aussi l'exemple de la violence, violence qui s'exprime en place et lieu de la parole. Et un enfant qui grandira avec des fessées parlera « la langue des fessées » pour régler tous ses conflits, notamment avec les plus petits que lui.

Les fessées interdisent par ailleurs l'expression des sentiments, qui se trouvent figés par les coups et qui seront donc refoulés, là où ils auraient dû être aidés à s'extérioriser. Certains adolescents qui intègrent des groupes, comme des mouvements extrémistes, sont parfois les héritiers de cette violence infantile et cherchent à trouver des boucs émissaires de cette violence anciennement subie : l'objectif est alors d'agresser des groupes sociaux ou ethniques sur lesquels la haine accumulée pourra être projetée.

Les fessées détruisent par la même occasion la sensibilité et les aptitudes à la compassion, à l'altruisme. Des enfants tapés détruiront souvent leurs jouets, mais se montreront aussi violents et malveillants avec leurs animaux, sans ressentir de regrets ni de remords, car ils auront pris l'habitude, très tôt, de bloquer leurs émotions quand eux-mêmes étaient dans la douleur des coups.

15. Edwige Antier, *L'autorité sans fessées*, Paris, Robert Laffont, 2010, p. 29.

Bien sûr, les fessées bloqueront aussi d'une certaine façon les apprentissages cognitifs, qui normalement se déroulent selon le procédé : essais-erreurs-correction. Mais si trop souvent la correction est physique, là où elle devrait être explicative et bienveillante, ces enfants ne prendront plus le risque de la subir et cette angoisse des coups entraînera une inhibition intellectuelle.

“

Chloé est une fillette de 23 mois à peine, qui donne, d'après Mélanie sa maman, « bien du fil à retordre ». Elle est la deuxième enfant du couple ; le fils aîné, Léopold, est âgé de 7 ans et présente un grave retard intellectuel, lié à une importante prématurité. Léopold fréquente en journée un institut médico-éducatif depuis quelques mois et ne rentre qu'en soirée.

Mélanie décrit ne plus pouvoir entendre les cris permanents de Chloé, qui se montre très affirmée et ne communique qu'en hurlant. En l'interrogeant sur son quotidien avec Chloé, elle dresse un tableau très désorganisé, chaotique, où cette enfant semble avoir pris le pouvoir depuis toujours. Dès 6 heures le matin, Chloé alerte toute la maison par ses cris et réclame son biberon, pour lequel elle ne tolère aucune attente, si bien que sa maman programme la veille le chauffe-biberon pour que, dès 5 h 30, le lait soit prêt. « Il faut toujours avoir une longueur d'avance avec Chloé, sinon c'est la panique », dit-elle.

Probablement en réaction avec sa première maternité, qui lui a « échappé, car Léopold a passé des mois à l'hôpital après sa naissance, puis a été très vite pris en charge par différentes structures », Mélanie adopte pour sa fille un modèle éducatif où, là encore, elle ne s'impose pas, laissant une toute jeune enfant décider de tout. Elle se montre inquiète par les cris de Chloé, quoique l'inquiétant ici ne semble pas tant être les conduites de cette enfant que l'absence de trame éducative pour la faire grandir.

Chloé aurait pris l'habitude de toucher à tout, se déshabille plusieurs fois par jour, se montre très active et agitée. Elle a marché dès l'âge de 9 mois et commence déjà à bien s'exprimer, utilisant quelques mots favoris « non, veux pas ça, donne-moi, arrête ». Mélanie explique qu'elle ne sait plus comment réagir face à cette effervescence continue, que son pédiatre lui a déconseillé de retirer tous les objets dangereux à sa disposition, car aurait-il dit « elle doit apprendre par elle-même à ne pas les toucher ». Alors cette jeune maman passe son temps à crier après Chloé, à s'exclamer par la négative et court après sa fille, pour ramasser les objets jetés au sol. Elle glisse tout à fait naïvement dans sa présentation, que bien sûr elle a tout essayé : les tapes sur la main, la mettre au lit et la laisser pleurer, lui crier d'arrêter, la secouer pour la rappeler à l'ordre, mais que rien ne fonctionne et que rien n'a jamais fonctionné. Chloé est insensible à toute parole et continue jour après jour de reproduire les mêmes attitudes désorganisées et belliqueuses. Elle refuse la sieste du matin depuis quelques mois et celle de l'après-midi se réduit de semaine en semaine. Mélanie qui travaille depuis son domicile, n'a plus une minute à elle et se sent totalement envahie par son enfant, qui semble la vampiriser.

Après quelques entretiens avec elle et son conjoint, elle comprit que ce climat, sonore et insécurisant, s'était installé presque dès la naissance de Chloé ; à cette époque, Léopold n'était pas encore en I.M.E et ne fréquentait l'école que quelques heures par semaine, sa maman s'occupant de lui, le reste du temps. Son lourd handicap l'obligeait à le surveiller constamment, à anticiper ses fréquentes colères, car quand il commençait à crier, ce sont vite des hurlements qui arrivaient, associés à des crises clastiques. Pour épargner Chloé, elle la laissait souvent seule dans son lit et lui accordait essentiellement du temps au moment des repas et des soins ; mais, si la première année, Chloé s'en était accommodée, la fillette semble rapidement avoir fait preuve de lucidité : pour captiver l'attention des adultes, il fallait s'activer, se faire remarquer par tous les moyens. Sa marche précoce s'inscrit sûrement dans cette quête affective, dans ce besoin d'être près de son parent et d'être regardée et aimée. Chloé était arrivée dans une ambiance sonore, où dès les premiers mois, elle fut bercée par les cris et par l'agitation de son frère ; très vite, elle semble avoir compris que pour avoir une place, sa place, il lui faudrait devenir une conquérante et c'est ce qu'elle fit. Chloé était une petite guerrière, armée de cris, de tapes, de conduites agressives et destructrices. Et bien sûr à ces agissements, elle reçut en retour, de nombreuses tapes sur les mains, des remontrances, des mises en garde, des menaces. Ces invectives répétées et précoces endurcirent de plus en plus la petite Chloé qui rapidement se trouva piégée dans un cercle infernal de relations négatives.

En expliquant à Mélanie et à son conjoint, que cette petite main était l'un des endroits les plus riches en nerfs sensitifs, que toutes ces petites tapes n'étaient pas à banaliser, mais à entendre comme autant d'agressions physiques pour la jeune victime, à savoir leur propre enfant, ils furent ébranlés. Pour eux, c'était l'unique pouvoir qui leur restait, ils ne pensaient pas mal faire, mais être encore en capacité de faire ce geste-là, car ils étaient dépourvus de toute autre possibilité d'agir face à Chloé. En travaillant avec ces jeunes parents, la restauration d'une relation saine avec leur enfant, basée sur la communication positive, en leur donnant aussi des informations au sujet de l'évolution psychologique d'un enfant, car l'arrivée de leur premier fils, différent, semblait avoir fait voler en éclats les principaux repères éducatifs de base, ils réussirent à se reconnecter à Chloé. Quelques mois plus tard, leur fillette avait renoncé aux cris constants, parlait de mieux en mieux et ne détruisait plus tout sur son passage. Elle pouvait enfin exprimer des sentiments, comme faire des caresses à ses doudous, à ses parents, enlacer tendrement son frère, là où avant tout était rejeté et détruit. Au tsunami dans lequel elle s'était installée, un temps clément avait succédé. Espérons que les graines de violence, semées par ses parents, se disloqueront définitivement !

Alors à qui sert donc la fessée ?

Pas à l'enfant, jamais à l'enfant faudrait-il dire. La fessée est un alibi pour le parent qui, déçu de ne pas avoir su tenir son autorité, l'utilise pour dire sa colère d'avoir un enfant qui lui échappe. Donner une fessée ou une quelconque correction physique sera toujours la marque d'une faiblesse, d'une impuissance, d'une perte totale de contrôle et jamais celle d'un pouvoir, contrairement à ce que l'on pourrait croire. Aucune fessée n'a de valeur éducative, qu'on se le dise !

Il est si facile de s'en prendre corporellement à un enfant ! La différence de force physique rend cette action accessible à tous, mais elle enseigne la résignation et empêche l'accès à la réflexion. Si les problèmes se règlent par la violence, il n'est plus utile d'activer la réflexion et de trouver des compromis pacifiques. De plus, une fois la fessée donnée, le contact est rompu ; la culpabilité souvent ressentie par le parent l'isole de son enfant et l'enfant lui-même se réfugie dans un silence sans nom, croyant « qu'il l'a bien méritée », qu'il est mauvais et indigne. L'enfant perdra confiance en lui et en ses capacités, car les paroles prononcées avec les fessées sont tout autant ravageuses que l'acte lui-même (« sale gosse, pourquoi je t'ai fait, vaurien, etc. »).

Que peut-il alors comprendre de cette action ? Rien d'éducatif ni de pédagogique, car les coups ne servent en réalité aux parents qu'à se débarrasser de leur propre haine et de leur colère, et à se venger d'une certaine façon de leur propre souffrance sur la génération suivante, car s'ils frappent c'est parce qu'ils ont été frappés enfants. Les coups mettent peut-être pour les parents les comptes à jour, mais en même temps hypothèquent l'avenir de ceux qui les reçoivent.

L'enfant va mémoriser que celui qui lui a donné la vie, qui est censé l'aimer, le protéger, lui enseigner les bases de la vie, le fait parfois avec violence et sans retenue aucune. Ces marques s'installent au plus profond de sa personnalité, car le jeune enfant « boit » les paroles et les actions de ses parents comme les seuls bons modèles à suivre ; rien d'étonnant donc si, quelques années plus tard, cet enfant réactualisera cette violence pour la répercuter sur autrui. Toutes les petites graines germent un jour ! Il ne faudrait jamais semer celles qui empoisonnent une existence entière...

Le « P » du parent deviendra un jour le « P » du professeur, du patron, de la police

Pendant près d'une vingtaine d'années, l'enfant va grandir entouré de ses parents, de sa famille immédiate, et de personnes, qui pour la plupart, auront autorité sur lui.

De façon imagée, on pourrait dire que l'enfant grimpe au sommet d'une pyramide pour à 20 ans, être habituellement en capacité de quitter progressivement ses parents et se prendre lui-même en charge. À un an, il se trouve ainsi sur la première marche de cette pyramide ; à deux ans, sur la 2e marche ; à 3 ans, sur la 3e marche et ainsi de suite, chaque année correspondant à un palier à franchir, comme un escalier à monter, pour en atteindre le sommet.

En haut de ce sommet, se trouve le premier « P » qu'il découvre dans sa vie : ses parents, dont la fonction serait une fonction GPS :

G comme **gendarmer**, P comme **protéger**, S comme **sanctionner.**

Mais le « P » du parent, deviendra un jour le « P » du professeur, dont les fonctions sont quasi identiques, puis le « P » du patron, puis celui de la police. En cela, il est important que le premier « P » que rencontre l'enfant, assume avec efficacité et brio son rôle, pour que les « P » suivants puissent, à leur tour, être en capacité de mener leurs missions.

Si le parent mène bien son entreprise, le relais vers les autres « P » se passera sans embûches et l'enfant respectera ses professeurs, ses patrons et toutes les personnes d'autorité avec lesquelles il cohabitera.

En respectant le premier « P » de parent et par voie de conséquence tous les suivants, il deviendra lui aussi, quand il aura gravi les 20 marches, un « P » à son tour :

une belle « P » ersonne.

Chapitre 8

Et quelles seraient les conséquences à l'absence du « non » ?

Peut-être que les messages des chapitres précédents, bien qu'ils ne résonnent pas totalement faux en vous, n'auront pas su vous sensibiliser suffisamment. Oui, d'accord, c'est pourquoi nous veillerons dans ces trois derniers chapitres à être davantage fermes et précises à propos de l'encadrement parental, sans toutefois tomber dans les recettes qu'il suffirait d'appliquer.

Ce chapitre ne se veut ni menaçant ni prédictif, mais veut mettre en exergue ce à quoi on expose un enfant, orphelin d'un encadrement parental satisfaisant.

L'enfant roi

Le vide n'existe pas. Quand le parent démissionne de sa fonction, ne serait-ce que de façon épisodique ou partielle, c'est l'enfant qui va s'imposer et prendre le pouvoir. Les parents sont la plupart du temps eux-mêmes stupéfaits de constater qu'ils se trouvent dans un tel renversement de situation et cherchent souvent en premier lieu, une explication extérieure. À qui pourrait être attribuée la cause d'une telle situation ? À la société, à la nounou, aux grands-parents ? Comment ce petit de quelques mois ou de quelques années à peine a-t-il pu subrepticement contourner les règles pour imposer les siennes ? Pourquoi certains parents laissent-ils ainsi l'omnipotence infantile s'installer au cœur de leur foyer ?

Bien sûr, on ne peut que se réjouir d'avoir pu mettre à distance l'autoritarisme destructeur de ceux qui nous ont précédés il y a quelques générations, mais le remplacer par le laisser-aller ne saurait être mieux. C'est d'un juste milieu dont l'enfant a besoin pour se construire et exister en tant que sujet, respectueux des autres qui vivent autour de lui. Quand ce n'est pas le cas, l'enfant roi va naître et, s'il n'est toujours pas dépossédé de ce statut, il deviendra l'enfant tyran, dont l'avenir ne pourra qu'être grandement compromis.

L'enfant roi serait celui qui possède tout ce dont il parle et rêve. Au départ, il demande et il est servi dans l'instant. Plus tard, il n'a même plus le temps de demander, il obtient de suite ce dont il a parlé. Tous ses désirs sont assouvis et donc, d'une certaine façon, tués, puisque le rêve ne trouve plus sa place. S'il n'est pas freiné d'urgence à ce stade, l'escalade vers l'enfant tyran se fera inévitablement. Ce petit despote profitera alors d'une permissivité parentale, qui s'est installée progressivement, pour prendre le pouvoir dans tout le foyer, parfois à en rendre ses parents malades, jusqu'à les pousser même à la séparation, car essoufflés, à bout, ils finissent par n'avoir plus une minute à eux et mettent donc en péril leur vie conjugale.

C'est pourquoi il est important d'empêcher ces conduites déviantes chez l'enfant, qui finirait par devenir délinquant et même pervers : pour avoir ce que je veux, je suis prêt à tout, même à faire souffrir l'autre. Il est primordial de noter que ces comportements s'installent de façon souvent insidieuse, car en tant que bons parents que nous sommes tous, très souvent, quand l'enfant est jeune, toutes sortes d'excuses viennent justifier et annihiler ses comportements inadaptés : « Il est fatigué, il est grippé, le trajet était trop long pour lui, il a bien goûté et c'est pourquoi il n'a pas besoin de venir dîner, etc. ».

Bien sûr, les parents doivent se montrer compréhensifs à l'égard de leurs rejetons, mais c'est de nuance et de discernement dont il faut savoir faire preuve et réussir à dire « non » aux demandes et exigences démesurées. La société de consommation dans laquelle nous vivons ne nous aide guère sur ce plan, car elle n'a de cesse de stimuler l'enfant, de l'inciter à la consommation, dans l'ici et maintenant. C'est donc à chaque parent de garder le contrôle, en veillant à ne pas donner l'illusion à son enfant que tout lui est dû et qu'il peut être servi dans l'instant. Ce principe de réalité doit remplacer le principe de plaisir, car il est un fondamental par lequel l'enfant devra passer pour pouvoir un jour trouver sa place d'adulte dans la société. Même si, pour y arriver, il devra emprunter la voie de la frustration, des cris, des pleurs.

De l'omnipotence au despotisme

Comment l'enfant peut-il basculer dans les attitudes tyranniques ? Il faut bien le dire, au début, l'enfant n'est pas identifié comme tyrannique, car ses conduites déviantes, bien qu'existantes, sont, au bénéfice de son très jeune âge, banalisées et détournées vers des explications diverses et variées. Il est souvent alors encore petit et sa prise de pouvoir, qui pourtant pointe déjà son nez, sera la plupart du temps analysée avec compassion et souplesse par ses parents et d'une manière générale par l'entourage : il est si mignon, encore petit, c'est donc normal qu'il tape, crie et hurle. Mais cette prise de pouvoir, progressive et subtile, peut être la porte d'entrée dans des conduites qui, quelques années plus tard, seront cataloguées de pathologiques.

Persévérant, l'enfant tout petit va d'abord se mettre à la conquête de petits combats, de petites batailles, pour gagner au fur et à mesure des guerres plus conséquentes. Il va commencer par contester, par s'opposer à toutes sortes de contraintes et de demandes, par se plaindre sans cesse, par geindre et mobiliser tout l'espace, tant physique que sonore, avec comme seul objectif d'arriver toujours à ses fins, peu importe par quels moyens. Il pense avant tout à lui, à ses envies et besoins, manifeste peu d'empathie, mais recherche le pouvoir.

Quand il parvient à l'obtenir, ce qui finit souvent par arriver à l'usure et parce que les parents achètent à un moment donné une forme de fausse tranquillité, cette omnipotence va virer au despotisme : alors, dominer ne sera plus assez satisfaisant et, pour continuer d'être contenté, il basculera dans la violence, dans la destruction, en n'hésitant pas à faire du mal à tous ceux qui pourraient s'opposer à son principe de plaisir.

C'est donc cette kyrielle d'attitudes, que l'on pourrait penser être anodines et futiles, qu'il conviendrait de surveiller, car c'est souvent l'accumulation de petites choses qui fait de grands dégâts. Si l'enfant n'est pas arrêté, freiné dans sa recherche de domination, il ne trouvera pas le stop, qui pourrait encore le sauver à ce moment-là. Il deviendra alors manipulateur et se comportera de façon exigeante à l'égard de tout son entourage, que ce soit ses pairs ou les adultes.

Et ses outils seront nombreux et variés, utilisés en fonction des objectifs qu'il se fixera : face à un public adulte, il usera volontiers du gémissement, de la bouderie, de la plainte, de l'insistance sans limites. En présence de ses pairs, il n'hésitera pas à déployer des conduites physiques d'agression, comme arracher des mains le jouet convoité, faire tomber de la balançoire l'enfant qui s'y trouve pour se l'approprier, sans attendre son tour. Bref, il est le seul à exister et il doit passer avant tous les autres. Comme l'écrit Didier Pleux, « les comportements infantiles omnipotents précèdent les passages à l'acte les plus tyranniques »[16].

Il est donc primordial de ne pas banaliser, même chez de très jeunes enfants, des comportements inadaptés et disproportionnés, car ce sont ces répétitions d'attitudes, qui isolément pourraient être banales, qui deviendront pathologiques. Qu'on se le dise : il n'est pas normal qu'un enfant décide, ordonne, écrase l'autre pour parvenir à ses fins. Les ingrédients qui feront d'un enfant un tyran sont justement ceux-là : intolérance, abus de pouvoir, recherche du plaisir immédiat, non-respect de l'entourage, qu'il soit humain ou matériel, attitudes omnipotentes.

---

16. Didier Pleux, *De l'enfant roi à l'enfant tyran*, Paris, Odile Jacob, 2006, p. 17.

Il est donc important que les parents cessent de se voiler la face, en disant : « Il s'affirme comme son grand-père, au moins il ne se laissera pas faire, il a de la suite dans ses idées, etc. » Non, un enfant ne doit pas être autorisé à se comporter continuellement de la sorte. C'est à ses parents, en premier lieu, de lui enseigner le « non », les règles, la frustration et les limites, pour lui permettre d'envisager un avenir serein, et aussi pour éviter à son entourage un climat de stress permanent.

L'enfant tyran n'a donc pas nécessairement à son actif, une foultitude de faits graves et marquants, bien que la liste de ses conduites inadaptées, constituée la plupart du temps par des petites conquêtes de prise de pouvoir sur l'adulte, soit toujours longue. Il a longtemps la nette conviction que l'ensemble de son fonctionnement est tout à fait adapté et justifié, car il rend en général son environnement responsable de ses propres conduites-réponses. De plus, vivant dans la quête du plaisir immédiat, il ne tient que peu, voire pas compte d'autrui et agit ainsi essentiellement guidé par ses seuls pulsions et désirs.

L'enfant tyran à l'école

Si, avant 36 mois, les principales attitudes négatives de l'enfant mettent surtout en difficulté son entourage immédiat, à partir de l'entrée à l'école maternelle, ses conduites seront vite qualifiées d'inadmissibles. C'est souvent là que ses parents vont commencer à réagir et à mesurer l'ampleur de la situation. Quand un jeune enfant ne dit pas bonjour en arrivant chez ses grands-parents, les adultes pourraient penser qu'il est fatigué ou mal luné, quand il refuse de se brosser les dents, ils pourraient comprendre cela comme un désintérêt face à l'hygiène, quand il s'agite en permanence, ils pourraient penser qu'il a un net besoin de bouger, quand il désobéit, c'est normal aussi, ce n'est qu'un jeune enfant et la liste pourrait être infinie de ces petites conduites accumulées et quasi admises.

Mais, arrivé à l'école, la tolérance ne sera plus la même et le « vivre avec les autres » va vite mettre l'enfant tyran en difficulté, car en classe, comme dans tous les groupes, les adultes veillent à la sécurité et au respect de tous. Leurs conduites d'insolence, leurs positions marquées et tranchées quand ils n'obtiennent pas de suite ce qu'ils réclament, leur incapacité à répondre aux attentes des adultes et à gérer les frustrations, seront autant de portes d'entrée dans une violence, d'abord verbale puis comportementale. L'enfant tyran ne parvient pas à doser de façon favorable sa relation à l'autre, qui est la plupart du temps exploité, utilisé comme un objet pour parvenir à ses fins.

C'est bien pourquoi cet enfant aura peu de liens de camaraderie, car ses pairs s'en apercevront tôt ou tard, et nul n'apprécie d'être chosifié. Ce peu d'empathie et cette centration sur la recherche de la satisfaction immédiate à n'importe quel prix, pourrait-on dire, vont ainsi l'exclure très vite des groupes : en cela, nous ne pourrions jamais dire ou penser que cet enfant-là serait heureux. C'est tout le contraire, car son entourage va s'en lasser, l'ignorer, le rejeter et ses parents, qui eux ne pourront pas le renvoyer, s'arrangeront aussi très souvent pour lui remplir le plus possible son temps libre, afin de pouvoir souffler un peu. Car l'enfant tyran a la capacité de générer un stress sans limites au sein de son entourage et de polluer les ambiances. Un enfant tyran engendre donc des parents martyrs, maltraités, psychologiquement et souvent physiquement. Cet enfant devenu adolescent et/ou jeune adulte deviendra un véritable tortionnaire, n'hésitant pas à imposer sa loi, celle du plus fort, au sein du foyer, pour finir par s'ériger en maître absolu face à des parents dépassés par une situation presque irréelle à leurs yeux.

> Cette situation, digne des meilleurs ouvrages de série noire, n'est malheureusement pas fictive. Jean-Pierre et Laetitia Chartier relatent dans leur ouvrage *Les parents martyrs* (1993) le cas clinique de Florent, adolescent de 15 ans, exemple effrayant de ce dont sont capables ces enfants tyranniques :
>
> « Depuis plus d'un an, Florent était le maître du pavillon. Dès son retour du lycée, il s'installait confortablement dans le meilleur fauteuil du salon, face à la télévision, une carabine à plomb sur les genoux. Eux-mêmes [ses parents] étaient relégués dans la cuisine d'où ils ne pouvaient sortir que pour lui servir ses repas ou lui apporter quelque objet. Mettaient-ils trop de temps à obtempérer, ils avaient droit à une giclée de plomb dans les fesses, ce qui avait conduit, un soir, Monsieur Dupont à se sauver par la fenêtre en criant : "Au fou ! À l'aide !" Quand un plat déplaisait à Florent, il les mettait à la porte jusqu'au lendemain. Mais lorsque, pour en finir avec les disputes, il arrivait au père de sortir le soir, Florent l'attendait dans le jardin, un couteau à la main, pour lui apprendre à s'absenter sans son autorisation ! »
>
> Cette situation clinique montre bien à quel point certains parents sont rendus esclaves de et par leurs propres enfants.

Ces lignes sont convaincantes : ne pas utiliser l'ingrédient « non » ne pourra jamais être une bonne recette éducative. En tout cas, si le « non » est absent ou trop peu présent, la recette de l'enfant tyran se composera d'elle-même, de façon souterraine pendant un temps, pour percer un jour et laisser les géniteurs face à leur progéniture, dont ils ne pourront être fiers et satisfaits. Chaque parent nourrit le souhait de permettre à son enfant de devenir le meilleur adulte possible, un sujet équilibré, épanoui, serein, capable d'avoir l'autonomie suffisante pour faire ses choix et les assumer. C'est pourquoi il est fondamental que les parents s'autorisent à mettre des freins, des stops, des digues autour de leurs enfants, et leur enseignent très tôt le renoncement à la toute-puissance, pour limiter et, mieux encore, éviter l'escalade vers l'enfant tyran.

“

Parmi les nombreuses situations d'enfant tyran que nous rencontrons régulièrement dans nos bureaux, présentons celle de Noa, jeune adolescent de treize ans.

Quand Noa arrive la première fois en consultation, nous sommes déjà le sixième professionnel rencontré, ces dix-huit derniers mois.

Noa prend possession des lieux bien avant sa mère, en s'octroyant, dès l'ouverture de la porte, ce qu'il pensait être la meilleure place, la place qu'il voulait, lui, occuper. En guise de salutations, ce sont donc des mots de rappel à l'ordre qui lui sont adressés et une demande ferme de bien vouloir occuper le siège indiqué. Bien sûr, les premiers sons de voix de Noa sont des gémissements, des soupirs et couinements de toutes sortes, associés à des insultes énoncées en catimini. Qui sommes-nous donc pour lui parler ainsi, pour oser le diriger et attendre une collaboration de sa part ?

Le ton donné, sa mère dresse, à la manière d'un inventaire à la Prévert, une liste infinie de conduites et attitudes que son fils aurait eues ces derniers mois, les unes plus insupportables à entendre que les autres, sans que Noa ne réagisse. Lui s'est mis à son aise, les écouteurs sur ses oreilles, naviguant sur son smartphone, les manches retroussées, la bouche laissant apparaître une suspicieuse pâte à mâcher se transformant régulièrement en bulle.

Après de longues minutes à entendre ce soliloque, nous proposons à Noa de s'exprimer à son tour, de réagir à la présentation faite par sa mère. Mais, et c'était prévisible, inutile d'espérer une intervention de sa part ; il avait été frustré dès son arrivée, il n'allait donc pas se préoccuper de notre requête. C'est à sa mère qu'il lance alors très vite : « Bon on se bouge de là, j'ai faim, putain, tu fais chier, t'avais dit 15 minutes pas plus, bon, allez, moi je me casse », pour se lever, quitter le bureau, en claquant la porte et aller dans le hall de l'immeuble fumer sa cigarette.

C'est alors que sa mère s'effondrant en pleurs, rapporta le calvaire qu'elle vivait depuis la toute petite enfance de Noa, son seul enfant. Son père, parti bien avant sa naissance, a certes fait quelques furtives apparitions dans sa vie, 3 ou 4, d'après les souvenirs de madame, toujours à des moments où lui-même avait besoin d'un toit ou d'argent, mais jamais pour revoir son enfant. Noa n'avait ainsi que de rares souvenirs de son père, qu'il aimait à considérer comme un « salaud, connard, fils de pute etc ». Dès sa naissance, cet enfant avait imposé sa loi, en dormant peu, en régurgitant les 6 premiers mois toute la nourriture donnée, développant par la suite de nombreuses allergies alimentaires et de réelles crises colériques au moment de passer à table. Sa mère ne se souvient d'ailleurs même plus, quand Noa aurait pris un repas à table, car d'après elle, depuis toujours, il mange au salon, au lit, debout, dans la rue, bref partout, sauf à table. Elle se dit prête à tout accepter, car « c'est important qu'il mange, il a toujours eu du mal avec ça » et n'hésite ainsi pas à lui cuisiner ou plutôt à lui acheter précisément ce qu'il réclame : le livreur de pizzas est un habitué de la maison, au fast food de la ville, il s'y rend 3 à 4 fois par semaine, s'y rajoute le commerçant turc et le sushi service. À 13 ans, Noa n'est pas inscrit à la cantine car « si tu m'inscris, j'y mettrai le bordel » et tous ses repas sont sur mesure, sur désir devrait-on dire. Fruits et légumes sont inconnus, poissons cuits inexistants, sodas et nourriture mangés sans couverts, ni assiettes ni verres. Sa mère a lâché prise depuis bien longtemps, pour éviter des conflits supplémentaires, car dit-elle, pas un jour ne passe, sans qu'il n'y en ait déjà bien assez. Pendant la période scolaire, elle ne compte plus le nombre de coups de fils émanant du collège, la contraignant à venir chercher sur le champ son fils, qui ne cesse de mettre en difficulté les adultes et les institutions. Noa ne supporte pas la moindre remarque, répond aux enseignants sans aucune précaution verbale, agresse tout le monde, verbalement et parfois même physiquement. Les frustrations lui sont insupportables et sa stratégie est toujours la même : il cherche à dominer les autres, d'abord par le chantage et quelques pirouettes verbales et quand son plan échoue, il se montre illimité dans ses réactions acerbes et agressives. Le « tout, tout de suite » est sa seule ligne de conduite et bien sûr depuis qu'il est au collège et que son développement physique s'est accéléré, ses attitudes effraient les autres.

La première et unique entrevue cessa après 40 minutes ; Noa venait de ré-surgir dans le cabinet et voyant qu'il ne pouvait pas accéder au bureau où se trouvait sa maman, se mit à frapper dans la porte et à insulter le personnel et les autres consultants qui attendaient en salle d'attente. Le retour à un pseudo-calme ne fut que possible, quand sa mère lui donna des signes d'exécution immédiate ; elle partit en quelques secondes, se laissant insulter et injurier par son fils. Noa n'avait que 13 ans.

Noa ne revint plus au bureau ; un signalement au Juge pour Enfants fut dressé par mes soins. J'appris quelques mois plus tard, que Noa avait été renvoyé définitivement du collège de secteur et placé dans une famille d'accueil à plus de 150 kilomètres du domicile de sa mère. Je n'ose imaginer que sa situation se soit améliorée...

Quand le « non » a manqué, l'avenir de tous est compromis !

La recette de l'enfant-roi

Avec ironie, voici la recette pour fabriquer un enfant-roi. À la manière d'un caricaturiste, les traits ont été grossis !

Donnez à votre enfant autant de pouvoir qu'à un adulte. Demandez-lui de choisir le nouveau divan, de vous conseiller sur le lieu des prochaines vacances estivales, ou de choisir lui-même ses vêtements dans les magasins.

Ne dites jamais « non » à votre enfant. Exposez-le le moins souvent possible à la contrariété afin qu'il ne puisse pas développer de tolérance à la frustration.

Dites en tout temps à votre enfant à quel point il est extraordinaire. Gardez le même discours, même si certaines de ses performances laissent à désirer, même s'il n'a pas vraiment fait d'efforts ou accompli quoi que ce soit pour être félicité. Faites-le simplement parce qu'il est lui et non pas parce qu'il le mérite.

La recette de l'enfant-roi est relativement simple. Il suffit d'oublier la règle la plus fondamentale lorsqu'on élève un enfant : le rôle d'un parent, c'est d'élever et d'aimer son enfant, pas de se faire aimer par lui.

Chapitre 9

Que faire du « non » à l'adolescence ?

Précédée par la puberté, l'adolescence est ce trait d'union entre l'enfance et l'âge adulte, cette période charnière qui pourrait ressembler à un grand chantier de réaménagement tant extérieur qu'intérieur. Entre insolence et désobéissance, le jeune aura besoin de trouver autour de lui des repères fiables, fixes, cohérents et des adultes sécurisants et confiants, pour se construire et trouver son chemin qui l'amènera vers le monde des adultes.

Sur cette route, les tentations seront nombreuses, les risques et pièges aussi et la météo pas toujours très clémente. Si, pour la plupart, l'adolescence se déroule sous un ciel d'été, parsemé de quelques orages, pour d'autres de véritables ouragans vont s'abattre sur leur vie. Ces derniers peuvent alors flirter avec la mort et les conduites à risques et perdre tout contact avec les adultes et parfois même avec la réalité.

L'adolescence représente une étape majeure dans ce cheminement permanent qu'est la vie, qui ouvre un nouveau champ de possibles et de paradoxes. On comprend ainsi combien il sera nécessaire que les parents encadrent leur jeune et continuent d'utiliser avec art et amour ces trois lettres magiques : « non ».

L'adolescence est un moment de réorganisation intense, où le jeune va devoir réajuster toutes ses relations : relations à son corps, relations à sa propre personne, relations à autrui. Ce processus, qui est interne avant tout, va ébranler toute sa personnalité. Il va alors venir interroger la Loi pour se construire, et donc en premier lieu celle de ses parents. Mais comment fera-t-il si cette loi parentale est instable, incohérente, voire inexistante ?

Quelle conduite adopter avec un ado ?

Les adultes devront coûte que coûte poser des règles pour que le jeune puisse s'y confronter et extérioriser une part de violence interne. Les parents qui cherchent à être les copains de leurs ados se trompent, les mères qui acceptent l'échange de vêtements se trompent également, celles qui ne cessent d'embrasser leur jeune ou de le prendre dans les bras se trompent aussi : à l'adolescence, il faut savoir différencier les plans, rendre visibles les barrières générationnelles et tenir, en tant que parents, son rôle de protecteur. Ne pas pouvoir s'appuyer sur des limites pousserait l'ado à les rechercher par de l'agressivité, des provocations et d'autres comportements déviants.

Le parent continuera bien sûr à témoigner son affection, son amour et son intérêt à son jeune, mais de façon plus discrète et intimiste. Il est important de réduire voire de renoncer presque totalement aux contacts physiques, qui doivent être réservés à ceux de sa génération : d'abord aux jeunes de même sexe, puis un jour à ceux de l'autre sexe. Bien sûr, embrasser son adolescent pour lui souhaiter son anniversaire ou parce qu'il quitte pour quelques jours la maison restera une pratique à entretenir, mais il va falloir renoncer à d'autres gestes corporels et physiques. Le corps de l'ado n'appartient plus aux parents ; c'est ainsi... Par conséquent, en public, et plus encore devant ses amis, plus de démonstrations physiques d'attachement ni de commentaires, compliments ou remontrances. La discrétion est désormais de rigueur et les critiques, positives comme négatives, seront énoncées en tête à tête. Donc, inutile aussi de crier à tous ses collègues et au voisinage tout entier que sa fille vient d'avoir ses règles, que son fils a une copine, etc. Il est très inconfortable pour les ados d'être ainsi placés sur le devant de la scène !

Il est aussi important que les parents ne tournent pas en dérision certaines conduites de leurs ados : il n'y a souvent pas « à rire » pourrait-on dire. Si votre ado accumule un énième flirt, il est inopérant de le caricaturer en disant : « Mon fils a toutes les filles à ses pieds, chaque semaine une autre ! » Cet humour est déplacé et n'aidera pas l'ado à se positionner, à moins que ce parent-là ne souhaite cet avenir à son enfant ! Il est important que l'adulte ne retombe pas dans sa propre adolescence ! C'est pourquoi ce type de commentaires est à proscrire, car ce dont l'ado a besoin, c'est d'une direction, d'un modèle.

De même, si l'on veut aider son jeune à progresser dans sa vie amoureuse, qui est un pan important de notre vie à tous d'ailleurs, il faut veiller à la qualité des commentaires formulés. Le parent restera connecté à son jeune, car celui-ci a encore besoin de se sentir protégé et encadré, mais cette connexion devra paraître quasi invisible. Bien sûr, le défi pour le parent sera de ne pas mêler ses émotions aux transformations qu'il vivra en direct chez son jeune, et donc de savoir garder son calme pendant toute cette traversée tumultueuse qu'est l'adolescence.

Accompagner un ado, c'est être à côté de lui pour lui dire qu'il se trompe de temps en temps, mais ce n'est pas le déposséder de la vie qu'il a à vivre. Les parents sont là pour prendre des coups et en même temps pour le protéger ; ils doivent accepter de ne plus pouvoir tout contrôler.

Tous les ados que l'on pourrait décrire agressifs sont des jeunes qui cherchent à mettre de la distance avec leurs parents, qui cherchent des limites, même s'ils ont du mal à les supporter. Quand les limites ne sont pas là, l'agressivité est toute proche, qu'elle soit verbale ou physique, souvent d'ailleurs retournée contre l'ado lui-même (scarifications, consommation de produits, tentative de suicide, etc.) ou dirigée contre autrui. Les paroles sont alors crues, on parle à ses parents comme on parlerait à ses amis ou à des animaux (« dégage ! ta gueule ! »).

De nouvelles libertés et responsabilités

À l'adolescence, il faut également savoir accorder de nouvelles libertés et responsabilités, pour que le jeune puisse accéder à son autonomie. Il n'est pas possible d'imaginer qu'un ado n'ait acquis aucune liberté supplémentaire par rapport à son enfance. C'est d'ailleurs bien pour cela que, pendant l'enfance, il ne faut pas accorder trop tôt les libertés. Par exemple, les parents qui commencent à donner de l'argent de poche à leurs enfants dès l'âge de 8 ans, à laisser leurs enfants faire du vélo sans limiter les lieux, à les laisser se rendre seuls à la piscine, au cinéma, etc., seront bien ennuyés à l'adolescence. Que pourront-ils alors leur octroyer comme libertés nouvelles ?

On constate malheureusement que les parents d'aujourd'hui sont inscrits dans une course effrénée aux libertés précoces accordées à leurs enfants. Dès 8 ans, les piercings sont parfois admis, de même que les tatouages ou les colorations de cheveux ; certains enfants acquièrent un look de pseudo-adulte ; certains n'ont simplement plus le droit d'être des enfants, et quand ils deviennent adolescents, leurs demandes se font inconsidérées.

Redéfinir les règles

Face à ces créatures mutantes en quête de repères, insubordonnées et provocatrices que sont les adolescents, les parents ont souvent du mal à adopter la bonne position.

Avec l'adolescence, l'autorité parentale est vraiment mise à l'épreuve, car tout jeune digne de ce nom devra, pour accéder à son autonomie et façonner sa propre identité, remettre en cause la position parentale.

Renoncer, contrecarrer, se rebeller contre les principes jusqu'alors validés comme des lignes de conduite acceptables est un élan plein de vie au cours duquel la négociation occupera une place centrale. Il faut accepter l'idée selon laquelle les conflits et l'opposition sont des aspects tout à fait normaux et sains à cette période de la vie.

Le jeune qui a été défini en grande partie par ses parents cherche alors à prendre sa place non plus seulement au sein de sa famille, mais aussi parmi ses pairs et dans la société. N'oublions pas qu'adolescence rime avec insolence et désobéissance ! Les parents devront alors revoir leur copie, car le temps passé a rendu caduques certaines données.

Mais, revoir sa copie ne signifie pas la rejeter. Les parents vont devoir, non pas bien sûr supprimer les règles, mais les passer au tamis, pour n'en garder que certaines, essentielles pour eux, et apprendre au fur et à mesure à déléguer leur autorité à leur enfant, devenu adolescent. Ainsi, les domaines de la sécurité, du respect et de la vie privée resteront souvent ceux pour lesquels les parents devront continuer à se positionner. La sécurité inclut la santé ; le respect concerne l'estime à l'égard des autres (pas d'utilisation de surnoms méprisants, pas de violence envers qui que ce soit ou quoi que ce soit) et la vie privée balaye toute la sphère intime des personnes avec qui l'on vit (frapper avant d'ouvrir une porte fermée, ne pas écouter les conversations téléphoniques d'autrui, ne pas inviter d'amis sans l'accord des adultes, etc.).

Si le jeune a besoin d'autonomie, d'intimité et de nouvelles autorisations, il a plus que jamais besoin de repères fiables. Voilà un sacré défi pour les parents que celui de continuer à fournir des balises, tout en respectant les besoins grandissants d'affirmation personnelle. Habituellement, l'enfant devenu adolescent a des compétences en matière de règles intégrées puisqu'il a dû les découvrir au fur et à mesure de sa croissance. À cet âge, il est normal que toutes les règles liées à la vie quotidienne soient intégrées (hygiène personnelle, politesse, etc.), même si, de temps à autre, une petite « piqûre de rappel » s'impose encore.

Ce glissement vers l'autonomie presque totale nécessite un ingrédient de qualité : la négociation. Si, à l'adolescence, le parent reste parent, il n'est cependant pas possible qu'il le soit de la même façon qu'à la période précédente. Et si tel était le cas, c'est que le jeune n'aurait pas accédé à une autonomie suffisante...

Des limites négociables

Certaines obligations absolues resteront de vigueur, mais, pour le reste, règles et limites devront devenir « négociables » donc modulables en fonction de signes de confiance témoignés par le jeune.

Quand les règles ont été mises en place dès l'enfance, ce lâcher-prise sur certaines d'entre elles ira de soi et sera même vécu par le parent comme un progrès, une évolution favorable. Comme un relais, le parent va alors s'apercevoir que certaines règles pour lesquelles il s'était tant battu quelques années plus tôt, sont désormais devenues le cheval de bataille de leur adolescent : prendre soin de son hygiène, choisir avec soin ses vêtements, s'occuper de l'entretien de sa chambre sont souvent les premières manifestations de cette évolution. En effet, tout ce qui touche à l'image de soi et à celle que l'on renvoie à l'autre, ce qui a trait à son identité devient en priorité la propriété du jeune. Il ne veut plus voir ses parents s'occuper de son aspect physique, vestimentaire et devient réellement propriétaire de son look, de sa chambre et de tout ce qu'il y stocke. Pour le reste, la négociation va devoir se déployer habilement pour résoudre les conflits et garder un lien positif avec son enfant devenu grand.

Pour y parvenir, il est important que le parent laisse d'abord le jeune exposer son point de vue, ses requêtes, sans lui exprimer, par une mimique ou par tout autre langage non verbal, son propre point de vue. Il est important de valoriser cet exercice auprès du jeune, car tout au long de sa vie, il aura à utiliser ce type de compétence. Si l'écoute de l'adulte est neutre et bienveillante, il pourra à terme transférer ce talent dans d'autres sphères (avec ses amis, ses professeurs, ses employeurs, etc.). Par contre, s'il est d'emblée mis en difficulté par des moqueries, des soupçons, de l'irrespect ou une réponse négative, ferme et sans appel, il mémorisera cette humiliation, cet échec et n'osera pas avant longtemps s'exprimer et demander en son nom propre.

Bien sûr, le risque immédiat d'un dénouement extrême sur le mode du « tout ou rien » est aussi alors plus grand. La négociation commence donc par la parole laissée à l'adolescent, dans un climat d'écoute neutre et favorable. Puis, le parent expose son point de vue, en essayant autant que possible de relever les aspects positifs énoncés par le jeune, ce avec quoi il est d'emblée d'accord, tout en donnant son opinion avec fermeté sur les points qui lui paraissent irréalisables. Si des retenues doivent être formulées à l'égard de la demande de l'adolescent, elles devront être justifiées.

Dans chacune des négociations, il est important de faire de la place à l'adolescent, tout en gardant la sienne ; il ne s'agit pas seulement de l'entendre, mais aussi de l'écouter et de prendre le temps nécessaire pour bien saisir sa requête.

La négociation et l'entente qui en découleront représentent l'occasion idéale pour responsabiliser l'adolescent et l'aider à augmenter sa confiance en lui. La plupart du temps, d'ailleurs, s'il y a des refus nets, c'est que la demande du jeune concerne des obligations absolues, des règles posées comme incontournables.

Pour amener un jeune à coopérer, les parents devront faire preuve de respect et ne pas oublier de rappeler leur attachement et leur amour pour leur enfant. Un « non » sert souvent à protéger et n'est pas énoncé pour ennuyer. Ensuite, cette négociation devrait servir de réflexion aux parents : si la demande du jeune concerne une règle posée comme absolue jusqu'à présent, cela peut aussi signifier que le temps est venu de la modifier et de l'aménager différemment.

Par exemple, les sorties le soir et les nuitées à l'extérieur ne pourront pas rester éternellement interdites. Quand une règle de cette nature nécessite d'être revue, l'accord sera progressif : « Exceptionnellement, tu pourras aller à l'anniversaire de ton copain ; mais à minuit, je viendrais te chercher. » L'année suivante, cette autorisation sera donnée plusieurs fois par an et, un an plus tard, le jeune pourra se rendre à l'anniversaire de son ami et y rester jusqu'au petit matin. Quand le jeune aura 18 ans, les parents lui diront : « Pas plus d'une nuit par mois en dehors de notre maison ». À vingt ans, on entendra alors le jeune dire à ses parents : « Salut, je reviens demain, je ne dors pas à la maison ce soir. » Le relais est pris et la confiance établie, les parents n'ayant plus besoin de demander à leur jeune où il passera sa nuit.

Dans la négociation, le parent devra donc accorder des nouvelles libertés à petites doses d'abord, puis les accompagner vers des permissions plus importantes. Les signes de confiance validés par le jeune pourront bien sûr accélérer cette quête d'autonomie ou, au contraire, la freiner.

Face à un ado, il n'est pas toujours aisé de dire « non » quand il le faut

Énoncer des règles et se donner les moyens de les appliquer implique également de savoir et d'oser dire « non ». D'ailleurs, nous le disons souvent aux parents : « Aimer son enfant, c'est plus souvent lui dire non que oui, car le non aime et protège. » Mais dire « non » nécessite de la part de celui qui l'énonce de la conviction, de la fermeté et assez de force pour le maintenir dans la durée.

Dire « non » et maintenir son « non » suppose aussi ne pas être habité par la peur du conflit ; dire « non » empêche par ailleurs que l'adolescent s'installe dans une position de tyran domestique.

On comprend donc bien qu'il ne faut pas laisser l'ado aux commandes ; être sans limites, abandonné à lui-même, il semble jouir d'une toute-puissance qui, en réalité, risque de le ravager.

Certains parents hésitent aussi à exercer leur autorité par peur du conflit, par crainte de se fâcher, de perdre l'amour de leur enfant, voire de l'empêcher de se s'épanouir. Pourtant, c'est le rôle des parents de poser des marques et des limites. L'adolescent a besoin de ses parents, de leur soutien, de leur affection, mais aussi de leur fermeté, de leur radicalité, pour construire son identité.

“

Prenons un exemple : je reçois la mère d'un jeune garçon de 14 ans au cabinet ; elle explique que Clément est un cadeau du ciel, leur seul enfant après des années de batailles médicales, à qui ils ont consacré jusqu'à présent tout leur temps et leur attention.

Son mari est déjà âgé, dit-elle, et, pour le protéger, elle ne lui raconte plus toutes les péripéties que Clément leur fait vivre. Son inquiétude momentanée est d'avoir surpris son garçon quitter plusieurs fois de suite la maison en pleine nuit, pour rejoindre un homme dans une voiture et quitter la rue où ils habitent. Pour arriver à ces informations, elle a dû établir toute une stratégie d'enquête, ce qui, avec ses 52 ans, relève du vrai défi. Mais, selon ses propres termes « elle serait prête à tout ». Elle se demande donc bien chez qui son fils peut se rendre 2 à 3 fois par semaine et pour faire quoi. Pour préserver la santé de son mari, elle ne l'a pas informé et, quand il se rend compte de ses levers nocturnes, elle s'en justifie par des migraines.

Je ne peux que la rendre attentive au fait qu'elle est en train de détruire l'équipe parentale, puisque, en voulant épargner son mari, elle le met en retraite anticipée de son métier de père et fait ainsi disparaître la loi et sa place. D'autre part, comment peut-elle, elle-même, constater les départs nocturnes de son garçon âgé seulement de 14 ans, et ne pas y mettre un terme aussitôt ? Pourquoi enquêter comme détective alors que, de sa place de parent, elle pourrait très facilement exiger de la part de son garçon un arrêt immédiat de ses déplacements nocturnes et des explications à leur sujet. Le parent est le premier gendarme de son enfant !

Je lui demande donc de mettre un terme à ce secret qu'elle conserve et qui l'abîme totalement, en jouant son rôle de parent. Elle et son conjoint doivent intervenir auprès de leur enfant et lui rappeler non seulement la loi familiale (« nous ne sommes pas d'accord avec le fait que tu sois dehors le soir avec un adulte que nous ne connaissons pas »), mais aussi la loi sociale. Si le couvre-feu des mineurs s'applique aux jeunes de moins de 14 ans, Clément a à peine cet âge. Ensuite, en tant que parents, ils peuvent se douter que, si la relation qu'entretient leur fils avec cet adulte était autorisée et saine, elle n'aurait pas à être ainsi dissimulée. Si Clément monte dans une voiture, c'est que le conducteur est majeur et ses parents pourraient ici s'appuyer sur la loi concernant le détournement de mineur. Donc, en vertu du devoir de protection, les parents ne peuvent cautionner de tels agissements.

Quand la mère de Clément m'entendit énoncer ces arguments légaux, mais aussi mes obligations de professionnelle, à savoir mon obligation de dénoncer toute situation de mineur en danger, elle comprit pour la première fois, la gravité de la situation.

Je vis Clément le mois suivant : cet ado se dirigeait à vitesse grand « V » vers la dépression, voire la mort, en ayant eu depuis plus de trois mois des rapports sexuels avec un homme âgé d'une soixantaine d'années qui lui avait promis de l'initier à la vie d'adulte. Une rencontre via le net... qui l'avait séduit, cet homme lui inspirant de la confiance, lui laissant souvent quelques billets, lui remplaçant son iPod qu'il avait perdu, etc.

C'est un garçon à présent abîmé, car le rappel de la loi l'a sorti de son petit univers idyllique, où il devenait, le temps de la relation, important pour quelqu'un. Le procès aura lieu dans quelques mois, autre épreuve par laquelle il devra passer ; ses parents sont eux remplis de culpabilité, mais aussi chargés de haine à l'encontre de cette personne qui, par la proximité de l'âge, aurait pu être un ami.

N'oublions pas que les parents ont un devoir de protection. Lorsque l'on « sait », comment faire comme si on ne savait pas ? Qui veut-on protéger quand on agit ainsi ? Nous-mêmes ou notre enfant ? Les parents doivent toujours rester les alliés de leur ado et ne jamais devenir des complices.

Par conséquent, il sera important de ne pas banaliser les conduites déviantes, inquiétantes, la consommation de tabac, d'alcool ou de drogues. Toute entorse aux règles demande une intervention radicale de la part des parents, suivie d'un temps d'échange et de discussion et parfois même d'une sanction. La sanction retenue devrait responsabiliser le jeune et être en lien avec le comportement puni. Il est cependant important de ne pas dramatiser ces conduites et, tout en appliquant une sanction proportionnée à la transgression, d'apprécier la situation dans sa totalité (cahier de PV). L'ado grandit et se structure aussi avec toute cette kyrielle de conduites dangereuses !

Énoncer clairement les règles

L'adolescent a besoin d'une boussole pour s'orienter ; c'est aux parents de lui montrer les grandes directions. Les adultes vont ainsi fixer des droits à l'ado (droit de sortir jusqu'à telle heure, droit de regarder toute la nuit la TV), mais aussi des règles définissant certains devoirs du jeune à assumer (participer au rangement de la maison, aller rendre visite aux grands-parents, etc.). En lui fixant des règles, des repères, il peut se situer, parfois s'opposer et c'est ainsi qu'il pourra construire son identité, par l'affirmation de soi, la gestion des frustrations, l'apprentissage des concessions.

Il est indispensable que les parents soient fermes et servent de modèles pour les situations en lien avec le respect des lois et la sécurité physique. En introduisant des règles, on va permettre au jeune de se construire. Énoncer clairement les règles va permettre de créditer la parole de l'adulte et donc le franchissement d'une nouvelle étape.

Les règles devront être simples, stables, limitées en nombre et présentées sur un mode qui n'est ni moralisateur, ni injonctif ou menaçant. Une règle pourra ainsi évoluer si le parent explique pourquoi elle change, de manière à ce que le jeune ne la perçoive pas comme arbitraire.

L'adolescent sera tout à fait en mesure d'entendre et de respecter les règles si elles sont cohérentes et bien sûr issues de lois générales, c'est-à-dire de lois auxquelles chacun a à se soumettre. C'est l'âge aussi où l'explication doit primer : c'est au moment de l'adolescence que l'on donne des informations, dans tous les domaines d'ailleurs, et donc *a fortiori* par rapport aux règles établies. Donner de l'information, c'est aussi valoriser celui auquel elle s'adresse, c'est le respecter, l'aider à grandir. Lorsque l'enfant était petit, les règles ne s'expliquaient que sommairement, l'enfant devant alors apprendre à faire spontanément confiance à ses parents ; à cette étape, l'explication est de rigueur et permet un vrai partenariat avec le jeune.

L'instauration de règles permet aussi au jeune de ne pas se sentir « abandonné » par ses parents : s'ils ont des exigences à son égard, c'est qu'ils s'intéressent à lui et qu'ils savent qu'il peut les respecter. Bien sûr, quand l'ado se montre coopératif, il sera récompensé, félicité, au moins par des paroles, voire par des actes.

On oublie souvent cela, en pensant qu'appliquer les règles va de soi pour l'ado et qu'une valorisation ne s'impose donc pas. C'est totalement faux. Même le condamné, quand il se comporte bien pendant un certain temps, est récompensé ! Alors l'ado qui, lui, n'a commis aucun délit, devra bien évidemment être félicité. Certains parents sont avares de compliments, certains enseignants aussi ; c'est dommage, car c'est en montrant au jeune qu'on le reconnaît respectueux des règles parentales et sociales qu'il les respectera de plus en plus. C'est si simple de lui dire de temps à autre : « C'est bien de venir à table quand c'est l'heure du dîner ! »

À l'adolescence, le « P » du parent, devient souvent le « P » du punchingball : parents, acceptez de prendre des coups !

L'ado, pour se mettre au monde et exister pour lui, va changer son regard sur ses parents, qui ne seront plus forts et uniques comme ils les percevaient pendant son enfance, mais presque tout le contraire. C'est lui qui à présent aimerait se sentir unique, puissant, capable de tout et c'est pourquoi, il passe par cette « parentectomie ». En principe, sa façon de se positionner va consister à contredire ses parents ; s'ils disent blanc, il va prétendre que c'est noir, s'ils lui disent d'éteindre la lumière, il va passer la nuit avec la lumière allumée. Il a un net besoin d'éprouver ses propres possibilités, d'essayer de vérifier si lui aussi a du pouvoir, s'il est déjà assez avancé pour pouvoir imposer sa propre loi. Il va donc délaisser ses parents, les critiquer et reporter ses idéaux et ses intérêts sur le groupe des copains-copines du même âge, sur des « idoles » et sur des objets de passion en dehors de la maison. Être parents d'ados devient alors un jeu d'équilibriste où accepter de prendre des coups sera un passage incontournable, pour aider son jeune à affiner son identité et à partir du nid parental.

Être parents d'ado : un jeu d'équilibriste

Votre enfant change, grandit plus vite qu'il ne l'a jamais fait, vous dépasse peut-être même physiquement, alors qu'il n'a que 15 ans. Il vous met au défi, refuse bien sûr vos câlins, vos critiques mais aussi vos compliments, s'enferme dans sa chambre, ne vous parle presque plus... Vous avez bien un adolescent chez vous et il va falloir faire preuve de patience et jongler sur un fil pour ne pas perdre le contact avec lui !

Acceptez de prendre des coups et devenez son punchingball !

En effet, toute la difficulté est là : votre ado a besoin de vous, pour se construire une identité propre et en même temps, il doit vous quitter ! mais il ne sait pas comment s'y prendre. Alors, la plupart du temps, il va vous donner des coups, vous critiquer, vous humilier, pour se donner de bonnes raisons de partir, car comment y arriver, si vous restiez les meilleurs parents du monde ? On ne quitte que ceux qu'on n'aime plus assez... on ne quitte que si on a la force de penser trouver mieux ailleurs. Être le punchingball de son ado, c'est lui montrer qu'on se relève à tous les coups, qu'on est suffisamment forts et résistants pour traverser les tempêtes et que l'amour qui nous lie à lui est bien plus fort que les coups encaissés.

Être parents d'ado, c'est donc jongler et trouver l'équilibre entre la contestation que nous oppose notre ado, la position d'autorité que nous devons tenir et l'autonomie que nous devons lui conférer.

Chapitre 10

Ne rien refuser, ou la difficulté de dire « non » à l'âge adulte

Chacun d'entre nous s'est déjà trouvé dans cette impasse nommée « si seulement j'avais pu dire non ! » ; si, pour certains, ces situations restent exceptionnelles entre ce que l'on pense ou souhaite et ce que finalement on exprime, pour un grand nombre d'autres, trop souvent, cette soumission à un ordre est omniprésente et va alors nous conduire à dire oui, là où le non serait attendu. Revendiquer ce qui paraît être bon et juste pour nous ne paraît pas si naturel et facile à appliquer. Mais, quand cette difficulté à dire non passe de l'occasionnel au permanent, au durable, notre santé mentale est engagée.

Comment imaginer une vie entière, en se mettant au service des autres et de leurs requêtes pour s'oublier soi ? Pouvoir dire non à un patron qui, de semaine en semaine, devient plus revendicateur, à son épouse qui convoite l'achat de la boutique entière, à ses enfants qui restent sur les manèges des heures durant, au commerçant qui veut nous vendre une énième boisson énergétique, etc., est une compétence importante à installer à l'intérieur de chaque adulte, pour qu'il puisse faire émerger ses propres désirs et positions et donc son identité.

Si l'éducation ne favorise pas toujours l'usage du non, il est malgré tout important, pour ne pas dire primordial, que l'enfant devenu adulte puisse s'y référer et l'utiliser à bon escient. Le « non » peut être, tout comme le oui – mais avec lui on est volontiers d'accord –, un mot de politesse et de respect. Dire non n'est pas la manifestation d'une agressivité quelconque, mais peut être aussi pour l'adulte un mot doux, un mot d'amour, un mot qui protège et permet d'affirmer sa personnalité.

D'où vient cette difficulté à dire « non » ?

Si c'est à l'âge adulte que la peur du « non » se réveille, c'est de toute évidence dans l'enfance qu'elle se construit, doucement, silencieusement parfois. La peur du « non » révèle ainsi des pensées intégrées pendant l'enfance ; l'une des plus virulentes, installée par nos parents, est celle de devoir toujours faire plaisir aux autres. Les parents qui se vantent d'avoir un « enfant sage comme une image » font en principe partie de cette catégorie de parents qui n'ont pas valorisé l'expression de l'affirmation personnelle de l'enfant. « La politesse, chez l'enfant, consiste à paraître s'oublier pour les autres », écrit Balzac et il est vrai que la société et l'éducation ne favorisent pas vraiment l'usage du « non ».

Dans les familles où règne l'importance des places, des générations et du protocole éducatif, être enfant, c'est avant tout être en osmose avec ce que souhaite le parent, coller au plus près de son attente jusqu'à ne faire plus qu'un avec lui. Ce besoin d'approbation, d'acceptation du discours parental va alors inhiber chez l'enfant la possibilité d'exister pour lui, de construire son propre schéma de fonctionnement et il ne vivra qu'au travers du miroir de son parent. En grandissant, cet adulte trouvera dans chaque demande émanant d'un tiers, une figure de ce parent castrateur et ne pourra que continuer à répondre aux demandes des autres, s'oubliant lui-même pour se mettre au service de l'autre, en toute circonstance.

Exister, être valorisé et reconnu, c'est se mettre au service de l'autre. Un enfant qui dès les premières années de sa vie n'a pas ou peu l'occasion d'expérimenter des situations, d'explorer librement son environnement, saura qu'il ne faut pas toucher au feu, ni traverser la route ou couper la parole aux adultes, mais il ne saura pas pourquoi. Son unique réponse sera « c'est parce que mes parents me l'ont dit », réponse toute faite qui vient inhiber toute tentative pragmatique, pourtant nécessaire, pour comprendre le sens des choses. En disant ainsi « oui » à son parent très tôt, cet enfant mémorisera un modèle de soumission, où la peur, le doute, le manque de confiance en soi vont faire leur lit.

Arrivée à l'âge adulte, cette personne sera plus encline à dire « oui » là où le « non » aurait été attendu et elle va alors continuer d'habiller sa personnalité d'un aspect fragile et vulnérable. La dépendance aux discours et aux attentes de l'autre va devenir quasi totale, l'incapacité à énoncer clairement ses propres opinions prendra vite le dessus, car, comme la personne sera peu entraînée à gérer les conflits et à défendre ses propres idées, ce sont celles des autres qui seront assumées. Ces personnes ne cherchent habituellement guère à développer leur point de vue personnel et embrassent celui d'autrui, comme la seule vérité possible. Ce collage peut bien sûr se révéler particulièrement malheureux, car cette vie par procuration empêchera le sujet de s'épanouir et de se réaliser réellement.

Qui sont alors ces adultes orphelins du « non » positif de l'enfance ?

Ces adultes sont souvent pour les autres les meilleurs contacts possibles, les meilleurs amis, les meilleurs collègues. Et pour cause, ils n'ont pas le « non » dans leur registre lexical, mais un florilège de « oui » qui se déclinent à l'infini, mais qui vont les entraîner vers une chute vertigineuse. L'adulte va s'essouffler, car, davantage préoccupé par la réponse favorable à donner aux attentes des autres, il va être le grand oublié de sa vie, jusqu'à oublier de vivre sa vie et s'épuiser totalement pour sombrer dans la dépression.

> “ C'est l'histoire de Céline qui a grandi auprès d'un frère handicapé. Très tôt, elle a appris à prendre soin de lui, alors qu'il était son aîné de cinq ans. Aucune alternative pour elle, elle devait venir « réparer » ce frère arrivé à la vie « abîmé ». Et d'avoir été bercée dans ce leitmotiv « toi, tu as la chance d'être en bonne santé, donc fais-le ! », elle était persuadée que satisfaire ainsi ses parents était la seule position qu'elle pouvait tenir et qu'elle avait à tenir.
>
> Et c'est ce qu'elle a fait : première de classe, premier prix de conservatoire en piano, politesse irréprochable, sourire omniprésent, elle avait réussi ce tour de force, d'être l'enfant modèle, parfaite, là où son frère avait laissé des traces d'imperfections irréparables. Pour déculpabiliser ses parents, elle allait se détruire, elle, mais ce n'est qu'à 45 ans qu'elle le comprit, après une longue et douloureuse thérapie, entamée suite au décès de sa mère.
>
> Céline n'avait pas appris à dire « non », elle avait passé son enfance à entendre un « non » négatif, et à l'âge adulte, s'était attachée à un homme bien plus âgé qu'elle, qui continua à la manipuler, c'est-à-dire à l'empêcher d'exister et de développer sa personnalité. Elle vivait en devant respecter une multitude d'interdits, cette fois-ci dictés par son conjoint, dans la ligne des sillons que ses parents avaient creusés pendant sa jeunesse : ne rentre pas après dix-neuf heures, ne ferme pas cette fenêtre, ne regarde pas dans ce classeur, ne parle pas aux voisins, etc. Mais elle devait aussi se soumettre à une kyrielle d'obligations : place tes congés en août, gare la voiture en marche arrière, assaisonne la salade à l'huile d'olive, demande au banquier un autre découvert, etc.
>
> C'est lors d'un malaise vagal sur son lieu de travail qu'une prise de conscience s'est opérée : à ses patrons non plus elle n'avait jamais osé dire « non » et après des mois à enchaîner plus de quarante heures/semaine, son corps est venu l'aider à accoucher de ce « stop ». C'en était décidément trop, elle n'était plus que l'ombre d'elle-même, la dévouée de tous, l'esclave de tous ! Quarante heures à travailler pour des patrons méprisants qui, sans relâche, la surchargeaient toujours davantage ; puis, un conjoint qui, le soir, n'avait pas un mot d'encouragement, mais que des critiques acerbes ; un frère qu'elle accueillait à son domicile tous les week-ends ; un père veuf qu'elle consolait comme elle pouvait.
>
> Son malaise vagal, révélateur en fait d'une dépression masquée, a été la meilleure chose qui lui soit arrivée, puisqu'il fut le déclencheur d'une réelle prise de conscience. Aujourd'hui Céline a 49 ans, travaille à mi-temps, s'est séparée de son conjoint, mais aussi de son frère d'une certaine façon, puisqu'il a été accueilli dans une maison spécialisée, malgré la promesse à sa mère, sur son lit de mort, de tou-

jours continuer à le prendre en charge. Céline a pu, grâce à un travail personnel, lire avec lucidité sa vie, en comprendre le sens, et a réussi à s'en détacher pour aller vers les voies de l'épanouissement personnel.

Cette inhibition de l'existence dans laquelle elle avait évolué pendant l'enfance, s'était prolongée à l'âge adulte, car elle avait était été orpheline du « non » positif, et n'était ainsi pas en mesure de le redire à son tour.

Quelquefois, l'adulte ainsi façonné n'aura comme unique solution que de développer une symptomatologie proche de la mythomanie. N'ayant pas appris à dire « non » et n'ayant entendu pendant son enfance qu'un « non » négatif, fondé sur le pouvoir, il ne pourra que se diriger sur la route du mensonge. « *Plutôt que de dire non à mon patron, je vais lui raconter une mésaventure extraordinaire qui me serait arrivée, et qui remplacerait d'une certaine façon le non impossible à prononcer. Je fuis vers une construction imaginaire et je m'enferme dans des scénarios magiques pour me donner l'importance que mes parents n'ont pas su me donner quand j'étais jeune. Je ne supporte plus la réalité telle qu'elle est, car je ne me supporte pas moi-même et celui que je suis devenu : un sujet sans personnalité qui ne sait que faire plaisir aux autres, mais que les autres ignorent malgré tout. Je souffre de ne pas m'aimer moi-même ni ma vie, puisque je viens de passer mon enfance et mon adolescence à coller à l'image que mes parents attendaient de moi. Maintenant, j'ai 20 ans et je veux être reconnu pour celui que je ne suis pas, mais que je crée de toutes pièces, comme si je devais me dépeindre sous les traits d'un autre, pour m'accorder le droit d'exister.* »

Ce bagage éducatif reçu pendant notre enfance mériterait donc d'être laissé de côté, sans quoi il sera traîné comme un boulet tout au long de la vie. Une bonne éducation parentale devrait faire cohabiter en permanence le « oui » et le « non », les deux mots probablement les plus importants du registre lexical. Quand c'est le cas pendant l'enfance, l'adulte issu de ce modèle éducatif saura composer lui aussi avec cette alternance et ne fera pas de lui le grand « oublié ». Une personnalité riche, respectée et respectable en naîtra pour le plus grand plaisir de tous. Savoir dire « non », c'est mettre autour de soi des limites et des barrières, pour éviter l'envahissement ; exprimer et révéler ainsi son idée fait certes parfois désordre, rompt avec les équilibres, mais permet de garder avec ses interlocuteurs, une relation basée sur la loyauté et le respect.

Oser dire « non »

Que ce soit sur son lieu de travail, en famille, avec son conjoint, ses amis ou ses connaissances, le « non » doit résonner dans notre bouche tout comme le « oui ». Pour l'exprimer, il faut non seulement le penser, mais l'oser et souvent on n'ose pas… car le « non » introduit une rupture, une coupure, une séparation dans la relation.

La démarche première est de penser à soi, à son « je », avec l'idée qu'il ne serait pas acceptable de le violenter, de l'abîmer. Est-ce qu'il est dans mon intérêt ou y a-t-il un plaisir personnel pour que je réponde « oui » ou « non » à cette requête ? Il est donc impératif de faire passer le « soi » en premier et non l'autre, car en s'effaçant continuellement face aux autres, on perdrait le sens de ses propres désirs. Le destinataire de la question est prioritaire pour le choix de la réponse et rien ni personne ne devrait venir s'immiscer dans cette décision. Cette réflexion personnelle est primordiale, car elle garantit le respect de l'identité de chacun. Tout comme l'expéditeur est libre de demander, le destinataire du message doit se sentir libre d'y répondre à sa guise.

Si, pour certaines demandes, des conseils, des informations supplémentaires ou des négociations sont parfois nécessaires, la réponse saura alors attendre, à l'exception de quelques urgences (médicales en l'occurrence), et c'est à chacun d'estimer à quel rythme il répondra à la demande de son interlocuteur. C'est un leurre de penser qu'il faille un positionnement rapide, en temps réel, et savoir prendre le temps nécessaire pour formuler sa réponse est souvent la garantie de pouvoir totalement l'assumer. Ne pas avoir de regret, dire ce qui fait sens en soi, donner sa réponse et non la réponse attendue, tel est le défi à remporter. Alors, que ce soit un « oui » ou un « non », la réponse sera positive, authentique, car à travers elle se révélera la personnalité de son auteur. La sincérité par rapport à soi, la possibilité de communiquer le vrai en soi et de le faire accepter, permettra ainsi tant à celui qui énonce une demande qu'à celui à qui elle est adressée, d'établir une relation respectueuse, dans laquelle chaque protagoniste est reconnu pour sa personnalité et apprécié pour l'honnêteté de son discours.

Exprimer un « non efficace »

Pour dire « non », nul besoin de crier, d'agresser ou de vouloir emballer son « non » sous une kyrielle de prétextes. Le « non » est tout aussi noble que le « oui » ! Il est une frontière qui nous protège des intrusions indésirables, il permet de laisser à l'extérieur de soi les demandes auxquelles on ne veut pas répondre. En cela, le « non » participe à notre affirmation personnelle, il vient dire quelque chose de soi aux autres et délivre un message d'identité.

« Non » est un des mots nécessaires pour définir sa personnalité, c'est comme une marque de fabrique. Pour l'exprimer avec efficacité, il convient ainsi d'utiliser le « je », de parler de soi, de ce que l'on veut ou ne veut pas pour soi, ce qui évite d'acculer ou d'accuser le demandeur. Énoncer son « non » en utilisant le « je » ramène à soi, à ses possibilités, à ses émotions, ce qui permet de laisser ouverte la relation ; le « je » n'accuse pas l'autre, mais laisse parler celui auquel la demande s'adresse, sans donner tort au demandeur.

De plus, expliquer son non ne nécessite guère de longs discours, de justifications illimitées : non c'est non, et plus le message sera bref, plus il sera compris comme un frein, un stop, ce qui est le but premier du non. Il est important de ne pas charger son « non » d'une masse d'autres messages ou bagages émotionnels, comme la colère, la peur, la culpabilité. Tout ce barda est une entrave à une communication nette et précise et ne favorise en rien la compréhension du non.

Dire « non » de façon raffinée

Le « non » est le mot le plus important à savoir utiliser avec élégance et efficacité. Si l'on sait à présent que dire non à une demande, c'est dire oui à nos intérêts et à nos besoins propres, il reste souvent difficile de refuser une sollicitation, par crainte de fragiliser notre relation. Pour y arriver plus aisément, on peut alors y adjoindre un merci. « Non, merci », c'est manifester du respect et de l'attention pour celui auquel notre non s'adresse. Deux mots brefs, qui pourraient être contradictoires, mais qui pourtant se marient bien, le non pour se protéger, le merci pour préserver le lien, et ce couple permettant ainsi de délivrer un message clair.

Ce « non, merci » permet de rester ferme sur ce qui paraît important pour soi, sans compromettre la possibilité d'un accord ou d'une relation saine. Il ne remet pas en cause l'autre, ne critique pas, ne juge pas ; il parle de soi en toute politesse et indique une marque de respect pour l'autre. Il permet, par ailleurs, de s'arrêter à cette formule de politesse, sans chercher à vouloir se justifier ou à réagir différemment. Ce « non, merci » est puissant, pur, sobre et donne toujours naissance à un oui à soi, donc, à un oui à la vie.

« Être trop adapté ou le concept sur la suradaptation »

Depuis quelques années, ce concept de la « suradaptation » fait parler de lui. La crise économique y est probablement pour quelque chose, car chaque salarié sait, pour l'avoir déjà vécu, ou pour connaître quelqu'un dans ce cas, que son emploi n'est plus garanti. Alors, pour échapper au chômage, on peut être prêt à tous les sacrifices.

Denis Doucet, qui a publié le *Principe du petit pingouin* (2011), une sorte de fable philosophique devenue un best-seller au Canada puis en France, met en exergue comment l'individu pourrait en faire toujours plus, pour répondre aux attentes de son patron, jusqu'à se mettre en danger. Toujours plus et toujours plus vite, jusqu'à craquer. Pour lui, on est suradapté à partir du moment où l'on agit totalement à l'encontre de soi-même, et où l'on se recroqueville dans une forme de rigidité qui va aboutir à l'inverse de l'adaptation.

Pourtant, Darwin ne disait-il pas que l'adaptation était un signe d'intelligence ? Certes, mais jusqu'à une certaine limite. Dans tous les cas, pas au point d'accepter un rythme de vie de fou, un « open space » bruyant ou des dossiers à ne plus pouvoir les compter. Être trop obéissant, ne pas pouvoir se protéger avec le « non », rend l'individu soumis et aliéné et ces adultes hyperadaptés, qui pourront peut-être durant un temps être des employés modèles, seront vite dévitalisés et se laisseront dévorer à petit feu.

À force d'obéir sans limites et de s'adapter aux désirs des autres, le corps va trinquer et on constate une véritable épidémie de burn-out depuis quelques années. Ces sujets sont au bord du gouffre, ne savent plus que courir et faire, mais faire quoi et comment ? *Courent-ils après leur travail pour que le trop de travail ne leur court pas après ?*

Le XXIe siècle semble avoir produit une génération de « faux self », c'est-à-dire de sujets vides de personnalité, dévitalisés, réduits à obéir pour pouvoir survivre. Dans l'entreprise, en couple et avec ses amis, à force de toujours vouloir montrer que « l'on gère sur tous les plans », les émotions sont anesthésiées, car c'est souvent elles qui nous ralentissent et, en les endormant, l'obéissance peut frayer sa route.

Alors, que ce soit au boulot, avec son conjoint, ses enfants ou ses amis, apprenons à dire « non » en douceur, mais avec conviction. S'affirmer, c'est exister en tant que sujet, avec tout son panel d'émotions.

Un fil conducteur...

Ce guide, à lire comme on lirait une notice ou une règle de jeu, ne se clôture donc pas par une conclusion. Il se voudrait être un début, un commencement ou un recommencement, pour que votre métier de parents soit, reste ou devienne le plus bel engagement de votre vie.

Dans l'avant-propos, nous évoquions le triple A. Ce pourrait d'ailleurs être le nom d'un jeu. Il est pour l'instant le fil conducteur de cette « notice », pour que l'enjeu (« en jeu ») parental continue de vous tenir en alerte jour après jour. Nous vous encourageons à faire vivre vos trois A sans modération, car ce sont ces ingrédients dont votre enfant a besoin pour se construire et devenir, à son tour, un adulte épanoui.

Pour avoir accueilli tant de parents désemparés et dépossédés de toute autorité et de tout bon sens, ce livre se devait d'exister pour s'immiscer au sein des familles, avec comme ambition d'autoriser les parents à reprendre leurs fonctions parentales en main.

Chers parents, faites vibrer ces trois A tout au long de votre parcours éducatif et vous « gagnerez » bien plus que le gros lot : la joie de laisser derrière vous des adultes structurés, qui sauront, à leur tour, conduire leurs enfants dans la vie.

Bibliographie

- Antier Edwige, *L'autorité sans fessées*, Paris, Robert Laffont, 2010.
- Antier Edwige, *Éloge des mères*, Paris, Robert Laffont, 2003.
- Arendt Hannah, « Qu'est-ce que l'autorité ? », in *La Crise de la culture : huit exercices de pensée politique*, traduit s/dir. de Patrick Lévy, Paris, Gallimard, coll. « Folio essais », 1989. Ouvrage original : *Between Past and Future*, London, Faber and Faber, 1961.
- Ariès Philippe, *L'enfant et la vie familiale sous l'Ancien Régime*, Paris, Le Seuil, 1973.
- Brazelton T. Berry, *L'âge des premiers pas : une déclaration d'indépendance*, trad. de Marie-France Cachin, Paris, Payot, coll. « Petite Bibliothèque Payot », 2006, 336 p. La traduction française date de 1985. Ouvrage original : *Toddlers and parents : a declaration of independence*, New York, Delacorte, 1974.
- Brazelton T. Berry, *Écoutez votre enfant : comprendre les problèmes normaux de la croissance*, trad. de Marie-France Cachin, Paris, Payot, coll. « Petite Bibliothèque Payot », 2001, 278 p. La traduction française date de 1985. Ouvrage original : *To listen to a child : understandings the normal problems of growing up*, Reading, Mass. : Addison-Wesley, 1984.
- Brazelton T. Berry et Sparrow Joshua D., *Votre enfant et la discipline*, trad. de Marie-France de Paloméra, Paris, Fayard, coll. « Méthode Brazelton », 2004, 218 p.
- Chartier Jean-Pierre et Laetitia, *Les parents martyrs : passions, haines et vengeances d'adolescents, Toulouse, Privat,* coll. « Enfances/Clinique » 1982.
- Clerget Stéphane et Costa-Prades Bernadette, *Parents, osez vous faire obéir*, Paris, Albin Michel, 2007.
- De Singly François, *Sociologie de la famille contemporaine*, Paris, Armand Colin, 2010.
- *De Singly, François, Les Adonaissants, Paris, Armand Colin, 2006.*
- Dolto Françoise, *Les chemins de l'éducation*, textes recueillis, annotés et présentés par Claude Halmos, Paris, Gallimard, coll. « Folio essai », 2000.
- Dolto Françoise, *Les étapes majeures de l'enfance*, Paris, Gallimard, coll. « Folio essais », 1998.
- Doucet Denis, *Le principe du petit pingouin. Apprenez à lâcher prise*, Paris, Marabout, 2011.
- Dumonteil-Kremer Catherine, *Poser des limites à son enfant et le respecter*, Genève, Jouvence, 2004.

- Filliozat Isabelle, *Il n'y a pas de parent parfait*, Paris, Lattès, 2008.
- Filliozat Isabelle, *J'ai tout essayé*, Paris, Lattès, 2011.
- Fize Michel, *La démocratie familiale : évolution des relations parents-adolescents*, Paris, Presses de la Renaissance, 1990.
- Haddou Marie, *Savoir dire non*, Paris, Flammarion, coll. « J'ai lu. Bien-être », 2003.
- Halmos Claude, *Pourquoi l'amour ne suffit pas ? Aider l'enfant à se construire*, Paris, NIL Éditions, 2006.
- Halmos Claude, *Grandir : les étapes de la construction de l'enfant, le rôle des parents*, Paris, Librairie générale française, coll. « Le Livre de poche », 2010 (Fayard, 2009).
- Halmos Claude, *L'autorité parentale en clair*, Paris, Ellipses, coll. « En clair », 2010.
- Halmos Claude et Mathieu Hélène, « L'autorité expliquée aux parents », *Enfances et Psy*, vol. 41, n° 4, 2008, pp. 160-161.
- Kant Emmanuel, *Traité de pédagogie*, trad. de Jules Barni, Paris, Hachette, 2013. La traduction française date de 1886. Ouvrage original : *Ueber Pädagogik*, Königsberg, Rink, 1803.
- Klein Melanie, *La psychanalyse des enfants*, trad. de Jean-Baptiste Boulanger, Paris, Presses universitaires de France, coll. « Quadrige », 2013. La traduction française date de 1959 avec trois rééditions revues et augmentées. Ouvrage original : *Die psychoanalyse des Kindes*, Wien, Internationaler Psychoanalytischer Verlag, 1932.
- Lacan Jacques, *Des noms du père*, Paris, Seuil, 2005.
- Langis Robert, *Savoir dire non aux enfants*, Genève, Ambre, 2010
- Lebrun Jean-Pierre, *Les désarrois nouveaux du sujet*, Ramonville-Saint-Agne, Érès, 2001.
- Le Guernic Agnès, « La démocratisation de la vie familiale », *Actualités en analyse transactionnelle, n° 136,* 2010, pp. 75-76.
- MacKenzie Robert J., *Fixez des limites à votre enfant… et réduisez les conflits !* Bruxelles, Ixelles Éditions, coll. « Psy », 2009.
- Miller Alice, *C'est pour ton bien : racines de la violence dans l'éducation de l'enfant*, Paris, Aubier, 1984.
- Miller Alice, *La souffrance muette de l'enfant : l'expression du refoulement dans l'art et la politique*, Paris, Aubier, 1990.
- Pleux Didier, *De l'enfant roi à l'enfant tyran*, Paris, Odile Jacob, 2006.
- Purper-Ouakil Diane, *Enfants tyrans, parents souffrants*, Paris, Aubier, 2004.
- Unell Barbara et Wyckoff Jerry, *Se faire obéir sans crier*, Paris, Marabout, 2013.
- Ury William, *Comment dire non : savoir refuser sans offenser*, Paris, Seuil, 2007.
- Verdier Pierre et Eymenier Michel, *La nouvelle autorité parentale et les actions de soutien à la parentalité*, Paris, Berger-Levrault, coll. « Le point sur », 2009.
- Winterhoff Mickaël, *Enfants tyrans : non à la capitulation*, Bruxelles, Ixelles Éditions, coll. « Psy », 2011.

Table des matières

Avant-propos 5
Questions, doutes, difficultés 5
Le métier de parents 6
Triple A 7

Chapitre 1 Quand l'enfant paraît 9
Se connecter à lui et l'aimer 10
De l'enfant rêvé à l'enfant réel 10
Les premiers mois du nouveau-né 13
Un accordage affectif 14
Aimer son enfant, c'est quoi ? 15
L'enfant n'a pas besoin d'un amour exclusif ! 16
L'amour idéal n'existe pas 17
Aimer, c'est savoir se quitter, pour toujours vouloir se retrouver 17

Chapitre 2 Place et statut de l'enfant dans la famille 21
Rappel historique 22
De l'Antiquité au Moyen Âge : absence d'intérêt et absence de distinction 22
À partir du XVIe siècle 22
À partir du XVIIIe siècle 23
La loi de 1841 23
Au début du XXe siècle 24
L'enfant de la seconde moitié du XXe siècle 25
La voix de Françoise Dolto 26
La place de l'enfant dans la famille d'aujourd'hui 27
Une fonction éducative et structurante 28
Une histoire générationnelle 29
Le sens de l'école 30
Le désir de grandir 31
Les parents face à l'école 32

Chapitre 3 Il n'y a pas d'éducation sans autorité, limites et règles 37
Autorité et autoritarisme 38
L'autorité augmentative 39
Une autorité partagée 41
L'autorité n'est simple pour personne 42
L'autorité d'aujourd'hui : une autorité démocratique 43
Comment exercer son autorité ? 44
Expliquer 44
Poser des limites 44
Les limites aident à grandir 44
Les limites structurent 45
Les limites mises à mal par l'illusion du tout, tout de suite 45
Amour et autorité vont de pair ! 45

Chapitre 4 Être parents, c'est savoir se positionner 51
Devenir parents 53
Mettre la casquette papa/maman 54
Mettre la casquette père/mère 55
Chacun à sa place 56
Tirer les wagons 56
Se positionner, c'est se laisser imiter 59

Chapitre 5 Être parents, c'est sans cesse répéter et récompenser 61
Le langage minimaliste 63
« S'il te plaît » 63
Récompenser verbalement 64
C'est quoi une récompense ? 65
Comment choisir une récompense pour son enfant ? 66
Une récompense méritée et équitable 67
Récompenser par l'argent ? 70
Un principe à ne pas systématiser 71

Chapitre 6 Être parents, c'est savoir et oser dire « non » 73
Le non, cadre nécessaire pour l'enfant 75
La valeur du non 76
Quelle attitude adopter ? 77
Savoir dire non, selon la formule « oui, non, oui » 78

Chapitre 7 Être parents, c'est oser aller au-delà du « non » 83
Quels types de sanctions ? 85
Jusqu'à 6-7 ans 86
À partir de 7 ans 87

Le cahier de vie 88
Et les fessées dans tout ça ? 90
Alors à qui sert donc la fessée ? 95

Chapitre 8 Et quelles seraient les conséquences à l'absence du « non » ? 97
L'enfant roi 98
De l'omnipotence au despotisme 99
L'enfant tyran à l'école 101

Chapitre 9 Que faire du « non » à l'adolescence ? 107
Quelle conduite adopter avec un ado ? 108
De nouvelles libertés et responsabilités 110
Redéfinir les règles 110
Des limites négociables 112
Face à un ado, il n'est pas toujours aisé de dire « non » quand il le faut 113
Énoncer clairement les règles 115

Chapitre 10 Ne rien refuser, ou la difficulté de dire « non » à l'âge adulte 119
D'où vient cette difficulté à dire « non » ? 120
Qui sont alors ces adultes orphelins du « non » positif de l'enfance ? 121
Oser dire « non » 124
Exprimer un « non efficace » 124
Dire « non » de façon raffinée 125
« Être trop adapté ou le concept sur la suradaptation » 126

Un fil conducteur... 127

Bibliographie 129